名人与天津第三种

主编 王振良

辛笛与天津

王圣思 编著

天津社会科学院出版社

图书在版编目（CIP）数据

辛笛与天津 / 王圣思编著. -- 天津 : 天津社会科
学院出版社, 2018.12
　（名人与天津 / 王振良主编）
　ISBN 978-7-5563-0544-5

　Ⅰ.①辛… Ⅱ.①王… Ⅲ.①辛笛（1912-2004）—
人物研究 Ⅳ.①K825.6

中国版本图书馆 CIP 数据核字(2019)第 010407 号

出版发行：天津社会科学院出版社
出 版 人：张博
地　　　址：天津市南开区迎水道 7 号
邮　　　编：300191
电话/传真：(022)23360165(总编室)
　　　　　　(022)23075303(发行科)
网　　　址：www.tass-tj.org.cn
印　　　刷：天津市天办行通数码印刷有限公司

开　　　本：880×1230 毫米　1/32
印　　　张：12.25
字　　　数：275 千字
版　　　次：2018 年 12 月第 1 版　2018 年 12 月第 1 次印刷
定　　　价：88.00 元

序　言

王圣思

2017 年是父亲辛笛(1912—2004)先生诞辰 105 周年,也是四叔辛谷(1917—2011)先生的百年诞辰,他俩都生于天津。父亲在天津度过了他的青少年时代,四叔则在天津生活了一辈子。

一向重视天津地域文化的问津书院王振良先生 2014 年约稿,希望我能撰写《辛笛与天津》一书,并将父亲和四叔合出的《珠贝集》收入其中,同时把父亲早年在天津创作发表的诗文和译文也一并收入,还可介绍父亲在津的亲人情况作为附录。承振良先生约稿没有硬性地规定完成时间,使我能够从容地写作,并在 2015 年动了白内障手术、眼睛得到充分休息后继续下去。初稿在 2016 年 4 月完成,按写作的老习惯,放上一段时间,11 月完成二稿的修改,2017 年 1 月最后定稿,正好可以争取在今年出版,作为对父亲和四叔诞辰的纪念。

在这两年多的时间里,我有空就写一点,到图书馆去查一点,成为日常性的工作,因此也感到退休生活很充实。我的毛病还是写得很慢，文思原本就不够敏捷，又要在体力可支且能静下心来的时候，才能进入写作的状态。我曾为父亲写过《智慧是用水写成的——辛笛传》，因此不想完全重复过去的文字资料，必须查找一些新的书面材料，以丰富他青少年时代在天津学习和生活的内容。尽管父亲生前多次回忆过那段经历，我也做了不少的记录，但我还是希望找到新的史料，既能更好地佐证父亲的记忆，又能有更多的旁证加以说明，因此去上海图书馆查找有关资料，也成为一段日子必修的功课。

在初步完成这本书稿前后，我又多次去上海图书馆，看看能否查找到父亲早年未入集的诗文资料。起因是南通钦鸿先生2011年增订《中国现代文学作家笔名录》时，曾给我发来邮件，列出他所掌握的我父亲之笔名及作品，希望我能进行核对。其中有两个笔名——"牛何之"和"尔德"，他标明为"署用情况未详"。牛何之是父亲上个世纪四十年代中后期用过的笔名，以前也找到几篇该署名的政论式文章，但都不是父亲所写；而用尔德笔名的作品始终未见。因此我又去函询问核实，钦鸿答曰："尔德一名，是我访问令尊时他亲口告诉我的。我查了自己的记录，我是1983年1月22日拜访他。因此，仍予列上备查。"他严谨认真的态度令人感动。这也提醒我借此机会再次耐心地查阅天津《大公报》。

翻遍1928至1931年（父亲在南开中学就读期间）和1931至1937年(父亲在北平清华大学读书及留学爱丁堡大学期间)天津版《大公报》[1]，我有不少惊喜的新发现。除了父亲1928年自制的剪报

---

[1]1937年8月日军侵占天津，以后《大公报》移至汉口出版。汉口沦陷后，又移至重庆出版，1938年12月起就是重庆版《大公报》。日本投降后，1945年12月1日《大公报》在天津复刊，至1949年1月停刊。

本上所发表的诗文有十六篇近年都已收入集子外,使用尔德笔名的译文和散文、小说都是第一次找到的集外文,大多发表在 1929 年 5 月至 10 月及 1930 年 2 月至 10 月天津《大公报》副刊"小公园"上,先查阅到的译文有五篇,翻译的作家作品有法郎士的警句、海涅的诗以及俄谚等。但我很纳闷,怎么不见父亲生前提到过的他翻译的波德莱尔散文? 在准备复印这五篇文字夹纸条时,仿佛父亲在天上俯视着我的查阅,冥冥之中给予指点似的,我无意翻到的几个版面上竟刊有我之前查阅漏掉的尔德翻译的波德莱尔散文《镜子》《港口》《请醉罢》和高尔兹密斯的散文《俘囚》! 这几篇漏网之鱼让我喜出望外,恰如 2004 年 1 月的场景再次出现。那是父亲逝世后上海作家协会要制作纪念卡片,需要我们提供一首他的诗作,但一时没有找到中意的,不是太长,就是内容不合适;也是在随意翻看他的"诗来随记"笔记本时,忽然一张小纸片从棕红色笔记本里飘落到地上,拾起来一看是他从未出示过的九行小诗,想象他自己去世后的场面《听着小夜曲离去》:

走了,在我似乎并不可怕
卧在花丛里
静静地听着小夜曲睡去
但是,我对于生命还是
有过多的爱恋
一切于我都是那么可亲
可念
人间的哀乐都是那么可怀
为此,我就终于舍不开离去

　　这成为印制在纪念卡片上最合适的诗篇，我们也是按照这一诗嘱办理后事的——追悼会上没有哀乐，只有舒伯特的小夜曲在大厅里婉转地回荡。父亲躺在鲜花丛中，好像静静地聆听着优美的音乐旋律，和大家作最后的告别。而这次在图书馆里的随意发现，又好似重演了同样的情景，觉得父亲的在天之灵与我们是相通的。

　　图书馆查阅的收获颇为丰富，父亲用尔德笔名翻译的诗文竟达九篇之多。另外还发现用笔名一民翻译的萧伯纳语录、第一次署名心笛翻译的契诃夫短篇小说《昧性》等。而用尔德笔名写作的短篇小说和散文也有七篇。另有署名心笛的小说《河浜之夜》、散文《泪和笑》，发表在1930年天津《大公报》"小公园"副刊上，这两篇及上述萧伯纳和契诃夫的译文是堂弟王永（辛谷之子）夫妇在天津图书馆查到的。真是功夫不负有心人。全书定稿后在网上又发现1930年南开刊物上译者用王馨迪本名发表的英文小说《古埃及的夜境》(E. Goitein作)，还有此前已知父亲在《国闻周报》上发表的迦尔洵《旗号》（笔名心笛）和莫泊桑《农夫》（笔名一民）这两篇小说，其实也都是从未入集的翻译之作，这次一并收入本书。因此，总计未入集的文章和译文共二十六篇。

　　找到这些集外文时，我很想告诉钦鸿先生，并准备以后出书定要寄赠一册，感谢他付出的心血和努力。不想在网上得知他与病痛抗争了十八年之后，已于2015年病逝。真让人不胜哀悼！但他仍然活在他的著作中，也活在我们这些得到过他的帮助但未曾谋面的作家家属心里。

　　1928年父亲发表的作品是他初三至高一年级所写，有短诗、短文，也有微型小说式的文字，如《凄惨》《快慰》《牺牲》等。而本书首次收入父亲用笔名尔德、一民或心笛所撰的集外文,主要是他在南开读高一、高二时的作品,有短篇小说类的,渗入了他的想象和虚构,如《地狱般的人间》《河浜之夜》;也有散文类的,蕴含着他生活的痕迹,如对亡父深情怀念的回忆《梦》《死默》,对私塾老师喜剧式的描述《边先生》;还有抒发所思所感的,如《饯残春》《病中》《入秋的时分》《泪和笑》《随笔》等。这些作品比他1928年的诗文更成熟一些,视野更宽阔些,那正是他在南开中学课内外阅读中外书籍最过瘾的时期。这也证实了他自己的回忆:"当年在中学还没有以诗歌作为自己唯一的创作形式,也尝试过小说、散文等其他体裁的写作。"正是有如此比较广泛的阅读、思考、想象而进行的写作尝试,才为他以后的诗歌创作打下了很好的基础。

这本小书分为三部分:

上编"行踪篇",是我以第三人称写祖父的主要经历、父亲在天津青少年时代的生活(包括读书生涯、创作岁月、师友交往等)、我母亲在南开大学的生活(学习、课外活动、父母初识相恋等)。而父亲离开天津以后读大学、留学海外及定居上海则略写,其间比较着重与天津相关的内容。共分五章加上一段结语。

下编"作品篇",收入父亲早年创作的诗文和译文,即1928年的诗文,1929至1931年上述未入集的作品、译文均列在其中。还收入父亲与四叔辛谷1936年合出的《珠贝集》以及父亲晚年回忆天津的两篇散文。

附编"亲人篇",包括王永撰写的回忆他父亲辛谷的长文、记录大伯馨逸和王湛父子经历的一文以及他去天津图书馆查阅我父亲诗文的感想,还收入堂弟媳于蓉回忆我父亲去天津和他们相聚的散文等。他们提供了在津亲人的生活经历,更完整地体现父亲老家的亲人与天津休戚相关的全貌,而这大多是我在上海所不太知晓的。

2010年我和哥哥圣群一起去天津探望四叔,看着他的侧脸竟和父亲如此相似,恍惚中父亲复活了,就坐在我身边!到底是同胞兄弟,尽管脸庞不同,父亲是圆脸,四叔是瓜子脸,但老来人都瘦了,侧看如同一人。从堂弟的文章中看到四叔在做事、嗜好和习惯上与父亲也有相同之处,如对工作都很认真负责,都喜欢吃甜食,也都很节俭(仅从牙膏用完之后,还会剪开牙膏的尾部和边缘,把内壁残余牙膏用尽就可见一斑),看来这些都是老王家的传统了。

这本花了不少工夫的小书终于定稿了,大体展现了父亲青少年时代和以后岁月与天津的血脉联系,希望能得到天津读者和其他地方读者的喜爱并指正。

2017年2月写于上海西南一隅

目　录

下编 作品篇

附编　亲人篇

上编 行踪篇

第一章　家世与天津的渊源

辛笛的父亲王慕庄

辛笛的父亲名王其康,字慕庄,光绪八年(1882)九月廿七日出生在江苏淮安,家住南门大街麒麟巷。他是王家的长子。其父王凤岗,同治三年(1864)甲子二月廿八日生,民国十六年(1927)十月廿日卒。生前职业是给人家做账房先生。其母黄氏,同治三年(1864)九月廿三日生,光绪十一年(1885)五月廿一日卒,18岁时生慕庄。

1885年,慕庄3岁时,生母黄氏病逝。父凤岗续娶吉氏,同治五年(1866)十月十五日生,光绪廿九年(1903)闰五月初六日卒。吉氏之母与周学熙(字缉之,号止庵)妻刘氏之母是亲姐妹,吉氏和刘氏为表姐妹。吉氏生慕庄的三弟、四弟轶陶(名其渊,1890—1959,曾在金城银行任职)、五弟(交通大学毕业,因不满包办婚姻郁郁而逝)。

吉氏病逝后,凤岗三娶徐氏,光绪二年(1876)十二月廿四日生,民国廿二年(1933)九月十二日卒。徐氏生慕庄的六弟、七弟(名其殿,曾在交通银行任职,后在台湾去世;七弟媳田景怡①回北京定居,系诗人袁鹰②的姑姑,与袁鹰的父亲是兄妹)。

慕庄年幼时颇受继母的气,遂发奋读书,以致后来过度劳累而

---

① 辛笛称七婶。
② 袁鹰(本名田钟洛)曾写有悼文《"姻兄"辛笛》,收入《记忆辛笛》,宁夏人民出版社2006年版。

辛笛的母亲马淑达和父亲王慕庄

吐血,住到庙里静养。他文笔好,又刻苦,决心长大自立谋生。1899年慕庄17岁中秀才,但他还想学新学,于是与同乡周作民(后来创办金城银行)从淮安老家一起坐小船到上海。一路上他俩啃着冷干粮充饥,看着富家子弟在大船上大摆宴席,有吃有喝,两人对此均印象深刻。1900年,他们在上海入南洋公学读书,还在东文班学习日文。南洋公学由盛宣怀1896年创办。慕庄在这所新式学堂读了两年书后回家,1902年完婚,娶马淑达。马氏光绪九年(1883)五月初二日生,民国廿八年六月初七日(1939年7月23日)卒。结婚并没妨碍慕庄继续获取功名之决心。1903年,慕庄21岁考中拔贡(相当于举人)。同年10月30日,长子馨逸(又名辛一)出生,属兔。

慕庄投奔周学熙

1905年科举停办,慕庄无法考进士,于是告别妻儿去天津谋生。之所以选择北上,是因为王家与天津周家有姻亲关系,于是去投奔周学熙。周学熙看重慕庄的旧学根底,收在门下办理文书。

周学熙是北方实业的领军人物,启新洋灰公司、滦州煤矿、华新纱厂等皆由其创办,还两次出任中华民国北京政府财政总长。其孙女周叔娟在《周止庵先生别传》中记载:"吾祖所建设实业颇多,固非一手一足之劳,而援引倚界者皆端士。以吾所知者,其相从最早曰:陈惟壬(一甫)、李士鉴(希明)、孙多森(荫庭)、李士伟(伯芝)、王其康(慕庄),嗣则有王锡彤(筱汀)、言敦源(仲远)……各以才智显。大匠之造屋,固集众长,而成其仑(轮)奂之美也。"

1907 年天津滦州煤矿有限公司成立,41 岁周学熙任总经理。他推荐慕庄到滦矿公司担任华文秘书,任职期间薪俸比较优厚,而且每年分红多以股票代现金,股利甚丰。随着生活稳定好转,光绪末年(1908)慕庄将妻儿接到天津。

1911 年,滦州煤矿与英办开平煤矿合并成为中英开滦矿务有限公司,慕庄继续担任中文秘书。开滦矿务局给职工股票,利息很大,以 10 元一股计算,每年分红可达 100%。老王家的财富就是这样逐渐积累的。慕庄有理财头脑,不断添购公司股票。他以后还陆续投资周氏家族企业的其他股票,如华新纱厂、启新洋灰公司、耀华玻璃公司等,还有山东枣庄的中兴煤矿。

慕庄在开滦矿务有限公司的洋人手下工作,因为不懂英文,颇为受气。他后来自费送长子出国、安排次子早学英文,与这有着很大关系。

民国以后,周学熙出任北京政府财政总长,慕庄随之调任财政部佥事,步入仕途,后做过津浦铁路局总办、河北省吴桥县知县、淮北盐运副使(驻江苏省灌云县板浦镇)、山东盐运使等。

淮北是淮河北部,当时淮安多盐商。1920 年,全家随慕庄赴灌云县任,有一年左右时间。慕庄任淮北盐运副使时,专管公盐,限制私盐。1923 年慕庄转赴山东就任盐运使,全家又一起在济南住了半年。

1924 年周学熙成立实业总汇处,任总经理。慕庄又回津入实

业总汇处任高级职员。周学熙颇称许慕庄,夸他虚怀若谷,有晋人
风度。

1925年,因仰慕慕庄的才学,奉系张作霖入关后延聘其为沪海
道尹(1925年1月30日任)、江苏省政务厅长(1925年3月5日
任)、江苏省财政厅长(1925年4月10日任)等职。在任江苏省财政
厅长期间,慕庄整理出十余万字的《中国财政简略》,因此被称为理
财专家①。当时共同研讨者还有张寿镛(咏霓)、贾士毅(果伯)等人。
该书在1928年被宋子文译成英文。1925年8月,张作霖派杨宇霆
任江苏省督办(8月29日任),不到三个月,直系孙传芳赶走杨宇
霆,继任省督办(1925年11月25日任),慕庄也就回到天津,在周
学熙办的启新洋灰公司任董事。北伐成功后,国民政府要慕庄到南
京做财政次长,他未去就职,从此退出政界。

一次最失败的投资

南通绅士张謇(字季直,1853—1926)在前清中过状元,慕庄曾
是举人。因同在北京政府做过官,两人故而相识。张謇辞官回南通
后创办实业,建有大生纱厂和盐垦公司等,是南方实业家和教育家
的代表。中国近代工业发展史上,曾有"南张北周"之说,南张即指
张謇,北周是指周学熙。

张謇所办实业众多,大多是与民生相关的各类工厂,主张"实
业救国",被称为"状元实业家"。他是棉纺织领域的早期开拓者之
一,创建了大生棉纺厂一厂、二厂、三厂,创办了第一所纺织工业学

①震泽长:《鹧鸪忆旧词》,香港《天文台》第601~602期。

校、上海海洋大学及其他一些学校。他还开办盐垦、振兴农业,建立大纲、大豫、大丰、大赍、华成等盐垦公司,汇集资本在南通一带以低价买进沿海盐碱荒地,并进行围垦,计划灌入淡水或广种抗碱性作物,逐渐将盐碱地变为农田。

他与慕庄交往,邀慕庄参加投资做股东。慕庄得知他想把盐碱地改造后种棉花,收益期望颇高,并能发展南方纺织业,于是投股很多在大生三厂,并投资于张氏的盐垦公司。只是张謇的计划太大,卤地变熟以及围垦均需较长年月和大量财力,加上用人不得法,改造盐碱地未能成功,因此资本亏蚀,无法继续支持。慕庄为此钱财散失甚多,只剩下很多废股票。这也是慕庄投资最失败的一次。

家庭的文化氛围

慕庄原是旧学秀才、举人,而随着时代的变化,也能接受一定的新学。但他仍然坚信要学好中文,非熟读古文打好基础不可。家里藏有许多线装书,他要求儿子学古文,读唐宋八大家,直至学到梁启超。他推崇康梁变法,更认为若能像日本明治维新就好了,一心希望以新学来研求强国富民之道。他赞赏梁启超,但不欣赏康有为的保守。他还添购了梁启超的《饮冰室文集》《新民丛报》等书报,并嘱咐儿子要读梁书,也要有改良意识。慕庄除督促子弟从小要好好读书、增长知识外,同时也会讲些怎么做人、为学的道理。他喜欢买书藏书,业余爱好中国书画,与陈师曾、董康等交往较多。陈师曾(名衡恪,陈寅恪之兄)出身书香门第,擅长诗文、书法、绘画、篆刻等,多才多艺,常与慕庄写诗唱和。董康在司法界颇有名气,曾任大理院院长（相当于最高法院院长），不做官后翻印古书，不是铅字版的，而是珂罗版影印古籍书，均是精装佳本，慕庄给他不少帮助，并与他研究如何保存古籍。慕庄来往于北平天津之间，结交的名士还有藏书家傅增湘（字沅叔）、樊增祥（号樊山）等。

慕庄在家写对联，常要儿子帮忙磨墨、拉对联或挂对联，用的文房四宝很讲究，有姚茫父、陈师曾刻的铜墨盒、铜镇尺等，那些都是家里书桌上的文具。近年，发现也有一些画家以画相赠，如在天津做寓公的徐宗浩，就有题诗画赠王慕庄，收入徐著的《石雪斋诗稿》，诗云："青山缺处月初上，绿竹丛中晚更凉。客里何从寻画稿，夜深清影满山窗。"慕庄还喜欢找人刻图章，他收藏的不少字画和旧书上，盖有大小不一、篆隶各异的宋白元朱印文钤记，朱墨斑斓，相映成趣。家里的这种文化氛围，对子弟自然有耳濡目染的影响。

慕庄无论经商还是从仕，一般都采用儒家经世之学，"天将降大任于是人也，必先苦其心志，劳其筋骨，饿其体肤，空乏其身行，拂乱斯所为，所以动心忍性，曾益其所不能"，以此励志。不做官或倒霉时则取老庄思想，写诗吟诗。老庄之说，为中国人的处世哲学，对儿辈也有影响。因此"穷则独善其身，达则兼济天下"，是慕庄的为人之道，也是他给儿辈无形的遗产。

慕庄持家勤俭，烟酒不沾，严禁抽鸦片，反对纳妾买丫头，做人正派，家风正统。他人缘很好，友人有文章①回忆慕庄，认为他清廉有守，为笃实君子。

新建王家小楼

1928 年，慕庄考虑到长子即将结婚，于是新选址向银行贷款，在天津英租界三十三路二十号（现大理道 4 号），夜以继日建造一栋小洋楼，分前后楼，同年落成。新房子是慕庄自己设计的。三层独栋楼房，有地下室。外观式样洋派，内设简洁实用。地下室有取暖用的锅炉房。整栋楼冬天有暖气，夏天洗澡则烧热水。前楼一二层各有四大间，盥洗室设备齐全，有大浴缸、洗手池、恭桶。底层门厅右侧是一大间一小间，左侧是客厅、餐厅和书房三大间。次年慕庄病逝后，辛笛的大哥馨逸一家居住底层；二层辛笛母亲居住的房间通往玻璃花房；辛笛和四弟辛谷分别住另一边的两大间；第三层有两大间和两小间，其中一个大间通往大阳台（后楼二楼的楼顶），两小间有一个带小阳台和不带浴缸的小卫生间。主楼朴实厚重，但门厅最为亮眼，中间两根古罗马式的圆柱和靠墙的两根方柱，支撑着二楼的半圆形阳台。

王慕庄所建独栋小楼（上）和连体小楼(下)

后楼的一楼是厨房、备餐厅及通往前楼餐厅的一个过道；二楼是女佣人住房和卫生间；三楼是个大阳台，与前楼三楼相通。除

王慕庄所建出租屋永和里(今民园东里,2010年摄)

了这栋自住楼外，当年慕庄还建造了现大理道6~8号两栋连体楼以及现民园东里左右各一排供出租的三层楼房(当时称永和里)。

大理道4号独栋小楼，后来只有辛谷一家住到1953年7月以后才搬离。而20世纪30年代后期辛笛留学回来后定居上海,40年代后期馨逸曾去香港任职,退休回津后另购住处。

慕庄壮年病逝

1929年1月27日,慕庄患伤寒病逝,享年47岁。最初请天津有名的中国西医看病,但没诊治出来。后另请医生,经中西医杂治,有所起色。但由于缺乏医学常识,在即将康复之际饮食不当,结果因肠穿孔而去世。曾有看相者预言,慕庄体态矮胖,脚跟不稳,不是长寿相,而是中寿相。此算命之说不幸言中。家人则觉得他壮年早逝,与平日劳苦操心有关。

1929年3月1日,辛笛兄弟三人在《申报》第六版刊登"恕讣不周"讣告(见右图):

> 显考慕庄府君痛于民国十八年一月二十七日申时疾终津寓正寝不孝等随侍在侧亲视含殓遵礼成服兹泣于三月二日开吊三日移灵旅津浙江义园恕讣不周特此登报奉闻
>
> 幕设天津英租界三十三路二十号本寓
> 孤子 王馨逸、迪、毂 泣血稽颡

大殓之时,南京国民政府的孔祥熙、宋子文均送了挽联或吊幛。

友人追忆慕庄

辛笛家中留有一份香港报刊复印件,可惜没有报刊名称和刊出时间,作者震泽长曾作有《鹧鸪忆旧词》,估计其中有词提到慕庄,刊在香港《天文台》第601~602期。慕庄同父异母的七弟慕堂(王其殿)在西贡读到,想了解作者情况,于是震泽长复以《鹧鸪忆旧词》为题写下此文,内中有追忆慕庄的文字。根据内容推测,此文大概仍发表在《天文台》,时间约在20世纪50年代前期。《鹧鸪忆旧词》一文的开头，仍是一首词《鹧鸪天·答西贡交通银行副理王其殿先生》："一雁传来海外书。神交嵇阮不模糊。乱离师友知余几。为道疏狂老尚瞿。遮远望，隔长途。洛阳曾接梦魂无。卅年陈事承相问，独忆中郎襟抱虚。"接下来文章叙述道：

　　西贡交通银行副理王其殿先生，读拙作鹧鸪忆旧词，自西贡邮书天文台报，询震泽长为何人，盖素不相熟也。方拟作答，其殿先生又托友人赵文璧先生自西贡携名酒见赠，谓西贡读者，对天文台六〇一至六〇二期，拙稿鹧鸪词所记江西黄生一篇，感觉非常兴趣云云。兹对其殿先生来函，约略奉答如此。大函对孝威将军，当阳，南中一，豁翁，君左，忘机，暨拙稿鹧鸪忆旧词，奖饰逾恒，万里同心，曷胜感谢。江苏财政厅长王慕庄先生为三十年前津沽旧游，民十二年慕庄官山东运使，下走适客田将军幕，在胶济间，不时把晤，此后四年，慕庄由沪海道尹，历江苏政厅财厅，过从尤密。接诵大函，检视日记，始知慕庄生于光绪八年壬午，卒于民十七年十二月十七日①，忽忽二十余年矣。慕庄为理财专家，与下走订交，系周学熙辑之世丈所介。辑之丈好称许，谓慕庄虚怀若谷，有晋人风度。慕庄著整理中国财政简略，十数万言，民十七宋子文曾译成英文，作参考。民十年前，孔祥熙亦在胶州，因之皆系旧识，慕庄与宋孔交往，在下走日记，亦略有笔及，均闻之慕庄者。彼时与慕庄共同研讨整理中国财政者，有张寿镛咏霓、贾士毅果伯等人，咏霓早逝，果伯今在台湾，犹任交通

────────────

① 此系阴历月日，阳历应为 1929 年 1 月 27 日。

银行董监等职。民十七年慕庄津寓，有持械强索案，乃奉军散勇所为，误为前奉天省长王永江寓也。慕庄患漏底伤寒，中西医杂治，卒无效，时余方因事赴哈尔滨，闻讣，回津会丧。……慕庄清廉有守，为笃实君子，然躯肥体矮，脚跟不稳，在法为中寿相，享年四十七，乃命也。慕庄四弟轶陶，亦经济界知名之士。精鉴别，收藏陶磁尤多珍品，病关节炎，发时不良于行，前在周作民、王毅灵座中，不时相值，自作民北走，毅灵逝后，轶陶亦久不见矣。

友人追忆慕庄之文

王副理以名酒自西贡见惠，特先赋此报之。靠拢诸人稿，容续登。

震泽长启

看来这位作者在天津等地与慕庄相熟甚久，也知慕庄另一位同父异母的四弟王轶陶喜欢收藏明清瓷器。轶陶20世纪30年代后期在上海金城银行任稽核，后任金城银行常务董事。周作民是慕庄、轶陶兄弟的淮安同乡，1917年在天津创立金城银行，是重要的民营银行之一，在京沪汉等地开设有分行，1936年总行迁至上海，天津为分行。王毅灵曾在京津分行任经理。

辛笛的兄弟姐妹

辛笛本名王馨迪（1912.12.2—2004.1.8），出生于天津马家口子。他记得，所住之处距离梨栈不远（现今劝业场一带）。他排行老二，原先兄弟姐妹六人，但三弟和小妹早夭，大姐年轻时病逝；最后只剩他和大哥馨逸、四弟辛谷（馨毅）三人。他们祖籍江苏淮安，大哥生在淮安，辛笛和辛谷都出生在天津。

辛笛的长兄馨逸（1903—1978）比他大9岁，就读于清华学校。本可以毕业后保送出国，但慕庄因在开滦煤矿颇受洋人之歧视，似乎等不到那时，于是迫不及待地自费送长子出国留学，当时1美金兑换8角中国钱。

馨逸在美国学习7年，先补高中课程，后考进麻省理工学院，读化学工程，又获硕士学位，论文是《水在工业技术上的应用及其价值》。本来还想继续读博士，但父召子回，于1927年归国。而馨逸在麻省理工学院的同学张克忠则完成了博士学业，获博士学位，比馨逸晚一年（1928）回国。张克忠早在1922年考入南开大学，学业优秀，一年后由天津南开大学张伯苓校长推荐，经考试获南洋兄弟烟草公司资助出国留学，回国任教于南开大学，创办化学工程系。馨逸回国后，适逢东北掌事者张作霖振兴地方，广招贤良办学，于是馨逸到东北大学任教。

馨逸1928年暑假回天津结婚，娶的是能勤俭持家的普通人家小姐沈同瑾。沈同瑾（1910—1964）原本在南开女中读书，比辛笛高一班，但没毕业就嫁到王家。开滦煤矿的股利给慕庄带来丰厚的收益，为长子婚后回津能住上新居，慕庄抓紧时间建成新小楼。在此之前，王家曾住天津泰安道，那里离开滦煤矿有限公司所在地不远。

1929年8月29日，馨逸之子王湛（亦涵）出生在现大理道4号。遗憾的是，慕庄没能看到长孙的诞生。馨逸在父亲病逝后从

辛笛母亲（右坐者）、大哥馨逸、大嫂沈同瑾（左坐者）、侄子王湛（中）等合影

东北大学辞职回天津，在家承继父业，管理财务，在外则任天津北宁铁路局材料科科长。1937年天津沦陷后，他不愿做汉奸，乃改行入周氏家族所办的天津久安银行做事。1941年患骨结核病，锯腿装了假肢。1948年携家去香港的久安银行任职。1950年退休，全家回到天津。

辛笛的大姐原名王国瑛，年长他5岁，是位才女。她诗词写得好，钦慕东晋女诗人谢道韫的才华，认为自己也与众不同，自号"韫如"。其实，当时年轻人一般不起号，进入社会才起号。称"号"是客气的表现，不作兴称名字，见面时别人会客气地问："尊号如何称呼？"中国人名排列顺序：名、字、号、别号。

辛笛的大姐从小读私塾，习字临小楷范本《灵飞经》字帖，又用功学王羲之，她的字体秀丽柔美，尤其擅写楷书。为人很能干，做家务记账有条不紊，是母亲的左右手。但父母受旧观念影响，认为女孩子能像她这样读书认字写诗吟词已很不错了，没让她进她所向

往的新式女子中学,更不让她读大学。她郁郁寡欢,终于抑郁成疾,咳嗽不止,肺病严重,临终前几日还嘱咐弟弟辛笛好好读书。辛笛听了很难过,只见大姐的脸紧绷着,不太有表情。她后因睡不着,服安眠药过多,致昏迷不醒,二三天后去世,时年 20 岁。这让她的母亲很伤心。

辛笛的三弟年少时因出天花去世,人见一蟒蛇从树上游走。当时民智普遍低下,有认为三弟是蟒蛇所变,也有认为三弟之魂为蟒蛇所勾。辛笛的妹妹是母亲难产而生,智力发展受影响,也是幼年得病而亡。

辛笛的四弟辛谷(1917—2011)小辛笛 5 岁,作为幺子在家里最受宠爱。他与辛笛最要好,手足情深,从小一起做游戏。辛谷也毕业于南开中学,看到二哥写诗也很想尝试。他写的好几首诗篇曾贴在南开中学校园的板报上,后来辛笛邀他一起合出诗集《珠贝集》。他学的是理工科,考入天津工商大学土木工程系,后来赴日本留学,为的是看看这么个小国为何能欺负我们这样的大国。回国后在天津港务局任职。

第二章　天津的求学经历

从小读私塾

辛笛小时候言语不多，给一把长生果和栗子可坐吃半天，"小二胖子"也颇得母亲欢心。辛笛直到中老年每逢秋季，河北良乡（今属北京）栗子在沪上市，他总会买一包刚出锅的热香软糯的糖炒栗子回家品尝，平日也爱吃花生，这些都维系着他幼年的印象，也是和天津无法扯断的绵长记忆。

辛笛4岁开蒙，5岁入私塾，在其父和师长的教育熏陶下知书识礼。先读三字经、百家姓、千字文等，及至后来读四书五经、古文八大家等。他对《论语》《孟子》还可以接受，《大学》《中庸》最不喜欢，爱读《诗经》，琅琅上口，难读的是《易经》《书经》《礼记》，年幼的孩子不明白那些深奥的东西。以后读《左传》《史记》，颇有兴趣，因为有故事、有人物，且能了解历史；尤其从读《史记》开始，养成爱读传记的习惯，以后对西方文学中的人物传记也很关注。又读唐宋八大家，韩愈文章、柳宗元游记等，甚为喜欢，还有《古文辞类纂》、桐城派文章等。父亲慕庄尽管会写诗，交游的朋友写诗文的也很多，互相通过书信唱和频繁，但却不让孩子沉湎于诗。他要求辛笛读通古文，懂得做人道理，修身齐家治国平天下，要把文章写好，认为诗是感情性的，太泛滥不行。

但是念私塾之余，辛笛还是从父亲的藏书中悄悄地找到《唐诗三百首》《千家诗》等,很是喜欢,常放在四书五经下偷读,即使老师发现他心有旁骛,用戒尺惩罚也无法镇住他。只是因为从没进过新式小学,所以没上过音乐课、绘画课,他认为作为写诗的人来说,这是个缺憾。后来到异域读书学会欣赏西洋音乐、雕塑和绘画等艺术,才得以有所弥补。

以后辛笛又通过各种渠道偷偷找来旧小说看,如《七侠五义》《彭公案》《施公案》等,后来又读到《西游记》《水浒传》《说岳全书》《三国演义》《红楼梦》等小说。

而遵父嘱,他读到梁启超的《饮冰室文集》时,感到梁任公的文章取胜在于笔锋下常带情感,对此颇有共鸣。梁著中有一本《欧游心影录》,记录了梁启超到欧洲的印象。辛笛从中对议会制度有所了解,看到西方文明,感到中国要变法,对君主立宪制留有好印象。读梁书后他萌生长大后也能出国看看的愿望,自长兄出国后,他对出国更感到顺理成章。辛笛还翻阅到外交家顾维钧赠送慕庄的自撰《英文外交简牍》一书,对顾维钧的渊博学识、卓越才能和优美文体留下深刻印象。

辛笛童年少年时代晚间课读之余,帮父亲展布画卷或翻检旧书时看到上面钤有各种印章,字体多样,色彩斑斓,惹得他产生好奇和好感。慕庄喜欢请人刻印章,辛笛耳濡目染,也爱此道,养成"印章癖"。经慕庄从旁讲解指点,他领略到:"这些刻有某某鉴赏收藏考订

辛笛喜爱的印章

文字的印章，不只是标明物主珍藏对鉴定真伪以及经历先后有所裨助，而且印章钤记的文辞拟制、字体刀法大都出自名家之手，别有一番风趣。有些鉴赏章更衍变有闲章意味，颇能引人入胜。"①他对印章用料的质地、产地，阴文、阳文的刻法，篆刻的字体鉴别好差，都能用心观察，研究兴趣大增。

少年辛笛有时顽皮淘气的习性还是会有所表露。他曾随母亲在晚间出去看京戏，第二天趁私塾老师走开，就和四弟辛谷及邻居的孩子表演一番。他扮演诸葛亮，让那些孩子站在前面扮空城前的老兵，他仿照《空城计》的唱词扯开嗓子唱一番："我本是卧龙岗散淡的人……"只是老师一回来，他们立刻作鸟兽散。

自童年起，慕庄就让辛笛写大楷和小楷，大楷多学颜正卿《多宝塔碑》《东方画赞》等，还学过赵孟頫、欧阳询的字。而小楷则学王羲之，但辛笛感到不易学，因为王羲之的字秀美柔和。他从小不喜欢柳公权的字，认为尽是骨头，也写不好。他写字是先学写大字，练大字的顺序是握笔——悬腕——悬肘。辛笛练字的心得：有了写大字的架子再写小字就容易了，若先学小字，人就放不开了。而他成年后最擅长且写得最好的既不是大字，也不是小字，而是居中——核桃大小的字。

十岁学英文

慕庄做事多年，变动频繁。但始终不变的是，他自己养成读书的习惯，也注重培养子女好读书、读好书。他相信私塾教育，要求子弟一定要把古文读通读顺，同时他也非常重视英语教育。

①辛笛：《雪泥印趣》，收入《嫏嬛偶拾》，上海教育出版社1998年版。

　　馨逸赴美读高中之后,在辛笛十岁的时候,慕庄又着手在天津物色英语教师。有位陈先生刚从美国回来在南开大学任教,慕庄就请他教次子英文。每周三次辛笛去老师那里,从《华英初阶》开始,逐渐再读《贝肯读本》《伊索寓言》等比较浅近的儿童英语读物,以后还读过《泰西五十轶事》,讲的是历史故事、名人轶事、民间传说等。辛笛对学英文很有兴趣,白天认真听先生讲解一个童话或故事,回到家就迫不及待地翻译成中文,当时就有舞文弄墨的爱好。有时请私塾老师修改译文,并用毛笔抄在一个小本本上,日积月累,成为他最早的译作,常常翻看自我欣赏,也会向小伙伴们炫耀一下。

　　日后他在父亲的藏书中阅读到林纾(林琴南)翻译(魏易口述)的林译西方说部丛书,如《巴黎茶花女遗事》《块肉余生述》《贼史》等等,接触到更多的西方文学,兴趣大增,在醉心于林琴南用精彩的文笔描述这些引人入胜的故事同时,也更希望自己以后能直接阅读英文小说原文,并翻译出来。

对私塾先生之印象

　　辛笛大多时日还是在天津家里继续学习中文。以前曾附在邻人家的私塾读书,后来有家庭教师教中文,王家管吃管住,并提供过年回家的盘缠。他年长后回想,古典文化的底子其实就是在童年少年读私塾期间打下的。但当时感到苦不堪言,白天读书,下课后想玩,但玩不成,因为晚上仍要被父亲考学。那时候有两个愿望,一是希望父亲出差或调动工作,不在天津做事,晚上就可以没有夜课了;二是希望换个对学生要求宽松的私塾老师。

　　在上中学前,私塾老师换过好几个,或是邻居家请,或是自家请，老师各人的性情不同。其实要求严格的老师能让学生学到东西。辛笛观察到严格的老师有两类：一类是自身的学问好，对学生要求高，学生写了错别字、文句不通都不行，要求背书一字不差，用词一丝不苟，养成好习惯。他记得有一位老师学问好，专门讲易经、老子；也教他们写应用文，一讲他们就明白。另一类是要讨他父亲欢心，不是为教书为学生，而是想让父亲帮忙找个好工作，这种严格是假的，表面上的，以此对父亲表示自己很严，其实私下对学生却又讨好，不然怕他们造反。要求宽松的老师也有两种，一种是自己肚子里没学问，不敢严格要求学生；还有一种学问是有的，但性格懦弱，胆子小不敢管。

学生也很调皮，遇到要求松的老师就欺负，尤其父亲不在天津的时候，私塾有五六个学生，老师一天到晚管不过来。他们对松的老师提出种种要求：功课少布置些呀，要求再放松些呀，能不能早点放学呀，等等。对严格的老师有学问的，他们佩服；跟两面派的老师学不到东西，就看不起。在他后来发表的小品文《边先生》中就有喜剧式的场面，用文字嘲弄了一位好脾气但没学问的私塾老师，只顾自己大热天祖胸露腹午睡，迷迷糊糊拿着蒲扇打苍蝇，根本不管孩子们的学习，学生

《大公报》载辛笛小文《边先生》(笔名尔德)

对他也不以为然。而那有学问但真正胆小怕事、对学生不敢管的老师，他们倒也没有什么成见，大家相安无事；辛笛有时就会请这类老师给批改翻译文字，甚至帮忙誊抄出来，老师倒也很乐意。

天津新学书院

辛笛直到 13 岁才结束私塾读书生涯，考入天津新学书院读初一。这是一所英国伦敦教会在华办的学校，教师都是英国人，学问不错，对英文的要求很高，但方法单一，就是要求背书。数学分得很细很清楚，有算学(分加减乘除)、代数、几何(平面几何、三角、立体几何)、微积分等。一年学一门课，辛笛在初二时，主要学代数。其他物理、化学也是分开学。学校采用严格的英式办学制度，早上 8 点上课，7 点 50 分学校就关大门，迟到的学生一律作旷课处理。连老生欺负新生的恶作剧风气也是沿袭英国中学的。对刚入学的新生，老生就给下马威，常伸出脚，要新生给他们擦皮鞋，系鞋带；有时故意把新生的帽子扔得远远的，叫他们再捡回来；若是新生不服的话，四个老生抬着新生的四肢摇晃，称之为 Toss(他们戏译为"托尸")。后来辛笛考上清华大学，老生也有这样的做派，尽管清华受的是美国影响。每逢周日，新学书院要求学生到

天津新学书院旧貌

学校的教堂参加圣经班读经，凡是参加者即使有功课不及格，也可过关升级。而辛笛不愿参加，他从小就不相信鬼神之类的东西。一些同学也是不喜欢，但为了升级只好去。尤其与校名"新学"完全不符的是，聘请的中文教师狭隘保守，国文课程内容没有一点"新学"的含义，还是讲四书五经那一套，甚至要求学生背诵他自己写的蹩脚的八股文，早已有古文底子的辛笛在课上学不到新知识……所有这些，他都不习惯，感觉很苦闷。

1925 年 5 月 30 日，上海学生和市民因抗议工人顾正红被日本资本家杀害而奋起声援工人运动，但遭英国巡捕的枪杀，血染南京路。这起"五卅"惨案震惊全国，远在天津的新学书院，尽管画地为牢，但仍然受到冲击，学生罢课闹风潮，反英情绪高涨，校方穷于应付，不做任何革新，这样的学校使辛笛迫切求新知的愿望无法实现，失望至极。于是他毅然从新学书院辍学，转而考南开中学插班读初三。

考入南开中学

当时南开中学校长张伯苓办学有方，名扬四海，海外不少华侨都慕名送子弟回国就读此校，其中就有唐明照（1910—1998，原名唐锡朝，后任联合国副秘书长）。唐明照 1927 年从美国来到天津南开中学读高中，1930 年毕业。而在天津生活的辛笛，对这所新式学校更是心向往之。但在私塾浸润多年的辛笛能写旧体诗文，却担心入学考试要写白话文。举人父亲慕庄，此时也能顺应潮流接受白话文，不过他其实也不知白话文该如何作法，只是安慰儿子说："白话文最好写了，不就是在句末多加些呢啦吗啰之类的语助词嘛！"考完试,辛笛沮丧地回了家,国文常识卷上有一道题他答不出:"《呐喊》的作者是谁?"慕庄在满屋子的线装书中到处翻查,终于在戚继光的一本兵书里翻到有一章题为"呐喊"——想来操练士兵呐喊也有一套学问——老爷子连连跺脚,感叹道:"新式学堂考题如何出得这么冷僻!"做儿子的则对老子的渊博学识钦佩不已。父子俩一同去看发榜,一同从榜末倒着往上看,越看越没有辛笛的名字,俩人也越发心慌:看来名落孙山是肯定无疑了。不想看到后来,大名赫然出现在眼前,这才如释重负。直到跨入南开中学的大门后,辛笛才知道,此《呐喊》非彼"呐喊"。《呐喊》是鲁迅的小说集名,与戚继光无关。私塾培养出来的辛笛和他所钦佩的举人父亲,对新文学同样一无所知。

从私塾走出来的辛笛进入新式学堂处处显得有点格格不入。电影《李双双》的导演鲁韧当年是辛笛的同学,他回忆道:"辛笛那时模样土得很呢!裤脚的边留得很宽,一件宽松的灰布长衫"——他笑着

天津南开学校老楼远景(王化平摄)

比划着撑开上衣——"足可再藏上半个人；脚上的袜子也是衲着厚底。"其实，裤脚留宽是为了人长高后可以放长，牢不可破的袜底是为了经穿，那些密集细细的针脚正是渗透了母亲勤俭节约持家的心血。而体育课上的辛笛表现得更为笨拙，从来没有上过体育课的他连踏步走都不会。人家个个听着老师的口令，甩开胳膊抬起腿，大步走得雄赳赳气昂昂的，而他耳听着"一二一"，脚却就是踩不到点子上。更有

南开中学时期的辛笛

趣的是他总是迈左步提左手、迈右步提右手，怎么看都别扭，引得大伙乐不可支；直到体育老师个别辅导纠正后，他才恍然大悟，原来应该迈左腿甩右手、迈右腿甩左手才协调，自己想想也觉得很可笑。晚年面对自己入南开时拍的照片，评价为"显得傻乎乎的"。

如饥似渴求新知

在南开中学，辛笛见识到一个私塾之外崭新精彩的世界。每逢周四是南开的全校集会日，张伯苓校长会亲自做修身或时事报告，也会请海内外名流来校演讲，扩大学生的视野。学校还组织学生做社会考察，去商店、工厂、银行、监狱等处调查，写出调查报告；去贫民居住区、慈善机构等地参观，扩充他们的社会知识，了解底层老百姓生活的现实。旅居美国的南开老校友林楠，晚年回忆起南开的

教育时感慨地说："这样的参观教育让我们从此不敢荒唐。"

20世纪80年代南开校友林楠(左二)回国探亲，与辛笛(右一)、文绮(右二)和文绮之兄伯郊合影

南开中学的课堂上，教师经常介绍新文化运动以来的新文学成就，激发学生的兴趣，课余则引导学生自觉阅读中外书籍。封闭在私塾教育中的辛笛，第一次接触到大量新文学书籍报刊，那种惊喜永远留在他的记忆中。他如饥似渴地阅读胡适、鲁迅、周作人、郭沫若、郁达夫等人的作品，看到一个充满新鲜活力的文化新天地。他不仅在学校图书馆或向同学借书看，而且开始逛起新旧书店和旧书摊，在那里又有很多新发现。可是家里督责较严，认为白话小说杂志都是闲书，不让购买。因此，尽管家境不错，但每月给的零用钱却颇有限。为了能买新书刊旧书报阅读，辛笛常常饿着肚子，把每月家里给的校内午餐费三元钱省下去买《语丝》《北新》《创造》《洪水》《小说月报》等新文学杂志(这些杂志一本本买来后都是全套保存的，可惜在日本侵略者进天津租界时辛笛遭遇了生平第一次的藏书劫)。每一期新出的杂志他都迫不及待先睹为快，阅读之后感觉《北新》不如《语丝》《创造》在思想上给人的启发大。饭钱都用于买书了，所以他每天熬到下午三点半放学，飞快地骑着自行车满头大汗地赶回家，向母亲要

求吃一大碗加俩水泼蛋的面条当"点心",以至母亲十分惊奇他的"好胃口"——在学校吃了午饭回来还能如此狼吞虎咽吃一大碗面条!这个秘密始终没有被揭穿。

南开的学习激发了辛笛求新知的强烈愿望,他常常到离南开很远的梨栈的天津书局去看新书。读《胡适文存》,才知道胡适正是白话文的倡导者,在私塾读书时根本不知晓。鲁迅的书出来一本买一本,几乎每一篇杂文和小说都读得仔细,他对鲁迅敬佩之至,甚至一度决心不读线装书,对文坛的争论往往受鲁迅观点的影响。这家天津书局的新书到得最快,据说开书店的人与上海创造社有关系。主持店务的几位中年人都是热爱出版工作的知识分子。尽管辛笛只是一个年轻的中学生,但他们仍热情接待,为他提供预约、留书等方便,让他感受到亲如家人的温暖。同时,他因要找一些过期的刊物补看,或欲配齐一些缺号的杂志,又逛起了旧书店和旧书摊,常常是踏破铁鞋无觅处,得来全不费功夫,发现不少价廉的难得旧书。20世纪20年代后期天津这类书店、书摊大多在天祥市场和劝业场内,一入这些书肆,仿佛有无数老友在期待着与他良晤交谈,大有莫逆于心,相识而笑之感。那时但凡与书沾边的人,无论开旧书店还是摆旧书摊的,也都知识丰富,待客殷勤,广而介绍,甚至默许像辛笛这样手头拮据、买不起书的青少年站着或蹲着翻书白看。时间一久,他发现原来他们也都是爱书之人。有时他也会去中街(今解放路)的外文书店如伊文思和法文书铺逛逛,但常被那里的高价书吓住,只能悻悻然空手而归。①

在南开学校教辛笛初三国文的老师是罗慕华,他毕业于燕京大学,平时喜欢写诗,在报刊上也发表诗歌,但对辛笛影响不大。因

---

① 见辛笛:《秋高忆语寄津门》,《散文》1982年第2期。

为当时辛笛对新文学的兴趣很广泛,大量看小说,开始并未想到专门写诗,那只是有时为之。他读过郭沫若的小说散文集《橄榄》,认为不错,但不喜欢他惠特曼式的《女神》;对于新月派,觉得徐志摩的诗词汇丰富,散文浓得化不开;爱读郁达夫的小说,尽管看到对《沉沦》有不同的议论,而读《日记九种》感觉很真实;不欣赏李金发,觉得他中文底子差,诗作往往词不达意。

他还看了不少翻译小说,有鲁迅、周作人兄弟合译的《域外小说集》,商务版的《近代欧洲短篇小说》《近代日本短篇小说》等。有岛武郎的《与幼小者》给他留下了印象,觉得就好比是父母留言给子女,饱含爱心,愿做人墙,让后代跨过去,给人以鼓励,要超越上一代;他觉得夏目漱石的小说写得美,芥川龙之介的作品受西方新感觉派的影响。书读得多了,悟出文与诗的关系犹如练大小楷。而恰好在读私塾时是重文不重诗,先学的散文,起承转合有一定规章,把意思表达出来,往开处写,但又能开阖有度。所以开始他在学校是以作文小有名气。

在南开中学,正是辛笛读书读得最过瘾的几年,学生们对张伯苓校长始终心怀敬意。南开中学课内进行健全心智的启蒙式新知识教育,课外培养自觉学习的兴趣和能力,对学生产生的影响终其一生。

父与子的冲突

正是在南开中学求学期间,年轻的辛笛对文学的热爱更加强烈了。升入高一后,要考虑高二分文理科的选择。他从鲁迅、郭沫若、周作人等弃医学、海军而从事文学创作的经历中受到启发,领悟到文学能唤醒、拯救、振奋民族的灵魂。但父亲慕庄却相信工业救国,要儿子选学理工科,文学有什么用?!辛笛考虑选文科还有潜在的原因——他的数学不好。私塾根本不教数学,在新学书院只学到代数,而南开中学数学的教法和新学书院不同,采用的是美国同心圆式的方法,即初中代数、几何、三角各学一点,然后这几门课再加深一点,升往高年级更加深一些。他的代数很好,但学平面几何、三角、立体几何则不行,学到微积分更是力不从心,以致对数学不适应,也不喜欢,而若学文科,感觉会更得心应手一些。对白话诗文不以为然的慕庄,当然听不进儿子的申辩,俩人为此意见分歧,谈话往往不欢而散。这场父与子的冲突,以慕庄1929年1月突然染病逝世而画上句号。

父亲的骤然离去让辛笛深感悲痛。他陷入深深的怀念。四个月后他写下两篇文字《梦》和《死默》,副题都是"献给我的亡父",梦见父亲又来到他的身边,与他促膝交谈,又为自己没有多挽留父亲住一宿再离去而感到后悔;还回忆童年与父亲的交往,父亲慈爱的一面;以及假日为油漆棺材而去停放父亲棺椁之地——旅津浙江义园,由此想到生与死的问题等等。两文都用笔名尔德,发表在1929年5月的天津《大公报·小公园》上。

报考清华大学

辛笛在高中选读文科,如鱼得水。他不仅从波德莱尔的散文诗中受到诗与散文结合的拓展性启发,而且从中国的词曲中更是体悟到诗可以与音乐结合,词曲可以突破诗的格律限制,体式多样灵活,从简短体到长短句、到复杂体都行。

　　当时,中国文坛不同的艺术社团有不同的艺术主张。创造社宗旨是"为艺术而艺术",文学研究会则是"为人生而艺术",这两种观点也引起他的思考。起先他感到各有各的道理,徘徊于两者之间,从审美感受来说,他倾向于前者;但在现实和文学中看到越来越多的人生万象,也就逐渐赞同"为人生而艺术"的看法。为了提高自己的理论水平,他还进一步阅读了诗学、哲学著作,但有所选择,如读过亚里士多德、柏拉图、斯宾诺莎、叔本华、尼采等,再读鲁迅的《文化偏至论》《摩罗诗力说》等,这些理论与之前看过的外国小说联系起来,他对外国文学的人道主义和审美艺术的精神实质有了深入的了解。但他不喜欢枯燥的理论,对艺术的感性体验和理解,妨碍他阅读鲁迅后期译著。水沫书店出版了大量的苏联文学艺术理论著作,如卢那察尔斯基和普列汉诺夫的《艺术论》等,他均未能卒读,总有艰深枯涩之感。对左拉的《实验小说论》也无好感,且对自然主义小说也敬而远之,认为那样机械直露地描写丑恶的世界,引不起一点美感,不看也罢。

　　这一年辛笛将从南开中学毕业。照理从南开中学毕业是可以直升南开大学的,但当时的学生大多想读国立大学,且南开大学最有名的是商学院,文科则比不上清华和北大。辛笛与最要好的两个同学高承志和章功叙一起商量,清华大学是他们的目标。清华大学是由庚子赔款创建的,原为留美预备学校,施行一套美国教育体制。辛笛的哥哥馨逸就曾是该校的学生。1926年改成大学,1928年定为国立。至30年代,延聘了一批有学问有声望的教授,对青年学子颇有吸引力。同学高承志为人稳重内向,有主见。章功叙是作家靳以(章方叙)的弟弟,他们兄弟俩都是南开中学的学生,靳以比弟弟高二班。辛笛随功叙叫靳以"大哥"。功叙热情开朗,聪明活跃,特

南开中学的同学合影。前排左起唐明照、林登、靳以，后立章功叙
（章洁思提供）

别欣赏辛笛的文笔。相约考清华之后，他们各自用功。功叙和承志
趁着假期到清华园复习功课，对提前去感受大学的氛围颇为兴奋，
他们借宿在曾是南开中学学长、此刻已是清华大学政治系学生的
唐明照那里。辛笛也去玩了几天，但无意留在清华复习功课，还是
回天津家里独自闭门苦读。决定考清华之后还面临选什么专业，父
亲不在了，选读大学文科应无问题。只是文科中是读中文系还是外
文系，选择倒也颇费一番脑筋。有同学建议他读中文系，因为他已
打好了中文功底，学起来不费劲，驾轻就熟。但老师和要好同学则
建议他读外文系，因为他已读了不少线装书，再读多了怕会迂腐，
成为老夫子；还是学西学，眼界可以更开阔，为我所用，也多一门学
问，写作也可以有所创新。辛笛感到很有道理，于是报考了清华大
学外国语言文学系。最终他和高承志如愿以偿，成为同系同班同
学。章功叙则遗憾落榜，仍回天津，升入南开大学。

第三章　在天津的文学创作及师友情

萌生写诗欲望

辛笛的创作欲望从少年始。当年慕庄无论在天津还是外任期间,除了安排辛笛入私塾读书外,只要他在天津,每天下班回来必要查问日课老师教了些什么,要求复述白天读书内容,同时还亲自督促上晚学,辛笛颇感压力。其时,窗外月明如洗,秋虫唧唧,辛笛正好背诵欧阳修的《秋声赋》,情景交融,产生共鸣,心中模模糊糊地萌发了写诗的兴致, 在承受压力的同时也使他从不自觉逐渐走向自觉读书。

慕庄在济南任山东盐运使半年期间, 辛笛曾随父母同去山东任上。其间,母亲曾代父亲去淮安为祖父拜贺六十大寿。辛笛第一次与母亲分离,男孩子送别母亲时没好意思表露伤心,回到家蒙被大哭,也产生写诗的欲望。平日父亲上班,济南的盐运使衙门地方很大,辛笛一人读书,读累了就在院子里独自玩耍,养成孤独性情。济南家家有泉水,户户见垂杨,泉水会从街上石板缝里涌出,他对此诗意的景象记忆犹深;大明湖、趵突泉,东门外还有大水磨,用泉水做动力……他感觉那些景色与《老残游记》的描写相似。

辛笛还记得十二三岁时曾遭遇军阀打仗,全家逃难到乡下,正是春光明媚的季节,沿途看到桃红柳绿,却因流离失所无心观赏,感受到一种愤恨、惋惜又夹着凄凉的心绪,也产生写诗的愿望。

所以每每思想和感情交织激荡的时候，他总是渴想用诗来表达，于是学写起旧体诗。

在私塾读书后期，每天到下午四五点疲乏的时候，老师也会让学生读点诗，大家高兴，因与自己的心情接近。最初辛笛喜欢的是老师、家长所选的杜甫、陆游、辛弃疾等爱国忠君一类的诗词，但他从来不喜欢李白狂放不羁的那一路诗歌。辛笛开始学写旧体诗，常作七言绝句，律诗作得不多，因为三四两句、五六两句都要对仗，不容易。他学旧体诗时，是从感悟语言开始，对格律、对仗、音韵等有兴趣，后来觉得写诗也要有感受，但若无精美的语言也不行，所以语言精美和生活感受都不能少。晚年还记得少年时代写得不错的一首七绝《移家》："主人只解爱琴书，为卜乡村静地居。野水桥边风浪紧，声声传语缓行车。"抒写搬家时他跟在装满琴书的车后面，怕书掉下来，直喊着："慢点，慢点！"表达小小年纪也爱书的情境。此诗直到辛笛晚年才发表在上海《新民晚报》上，友人纷纷打来电话，询问是否搬家了？辛笛感叹这就是旧体诗的魅力，经得起时间的检验。

孜孜不倦读书

搬到新建小楼之后，辛笛有了如英国女作家弗吉尼亚·伍尔夫所言的"一间自己的房间"，书橱里摆满他从新旧书店买来或淘来的新书旧刊。他不让人随便进来，关上门躲进小屋成一统，是他一个人的天地，买回家的书可以随意乱翻乱看。而读书和写作还是要耐得住寂寞，静下心来才能写得出来。他既有对新文学的热爱，又有私塾打下的旧学功底，二者融合，自成一家，看书写作也就乐在其中。

他发现天津还有一个读书的好去处，即河东的"俄国公园"。公

园里面尽管花卉不算繁茂，但有一片浓翠的柏林，游人不多，倒是个静谧的读书去处，让他喜欢。每当春秋假日，他就从小白楼附

天津俄国公园鸟瞰

近摆渡过海河，随身带着一卷俄国作家的书，坐在树林深处，闻着草木的香气，沉浸在大自然的怀抱，没入深思默想之中。有时甚至带好干粮，可在公园里盘桓一整天。[①]身处俄国公园，捧读俄国作家如屠格涅夫、陀思妥耶夫斯基、契诃夫、安特烈夫、库普林、柯罗连科等人的作品，有一种身临其境的感觉，书内书外的气息融合为一。从陀思妥耶夫斯基的《穷人》《被侮辱与被损害的》等作品中，那些底层人们所处的悲惨境地让他认识了社会的本质；屠格涅夫的《父与子》让他看到新生的人物及其力量，看到一种时代情绪的变迁。读文学作品，他常会联想到中国社会的现实，相信也会起变化的，只是个人渺小和无力，一如俄国作家笔下的"多余的人"。文学启迪他关注家庭和自身以外的社会生活，他的人道情感由此加深。

在师友的指点下，他还学会向国外订购书籍，采用 C.O.D（书到付款）的方式，英国伦敦的福艾尔（Foyles）书店和日本东京的丸善书店常会寄旧书目录给他，他若选中一些二手文艺书，他们就会及时邮寄给他，这样的服务使他很满意。后来他去英国留学时，在伦敦安顿好行李，就直奔福艾尔书店，看到好几层唐楼的倒影，仿佛

①参见《听得春声忆故乡》，收入辛笛著《婉娈偶拾》，上海教育出版社1998年版。

见到了老相识。入内只见分室陈列,书架林立,高与壁齐,任人攀登取阅,内容丰富不下于一个中型图书馆①。

跃跃欲试投稿

1928 年 7 月,辛笛开始向报社投稿。一首处女作《蛙声》短短五行,刊登在 1928 年 7 月 22 日的天津《大公报·小公园》版面,他用的是笔名"一民"。居然诗作能发表出来,拿到七角大洋的稿费,他高兴极了。这首诗实际上是他听到青蛙的叫声,联想到私塾时读过的《幼学琼林》,内有皇帝问蛙声的故事。《幼学琼林》是明代儿童启蒙读物,程允升编著,原名《幼学须知》,清人邹圣脉加以增补,定此书名。这个故事实际上出自《晋书·惠帝纪》记载:"帝文尝在华林园,闻虾蟆声,谓左右曰:'此鸣者为官乎,私乎?'或对曰:'在官地

1928 年 7 月 22 日《大公报》载辛笛处女作《蛙声》(笔名一民)

①辛笛,《旧书梦寻》,收入《婵嫒偶拾》,上海教育出版社 1998 年版。

为官,在私地为私。'"而辛笛听到蛙声,则将青蛙拟人化了,写出自己的感受,用第二人称询问道:"唉,你为甚这样的不平?"——觉得蛙声阁阁,是因不平则鸣。晚年他自认为这首新诗处女作远不如他少年时代的旧体诗作《移家》。

三天后,7月25日该刊又发表了他以"鸿"为笔名的诗《雨夜》,此诗写于7月21日。此后,即从1928年7月至10月间辛笛的诗文经常在天津《大公报·小公园》副刊上发表,共有十余篇,诗歌还有如《离思》《道上》《别前之夜》《新秋之夜》《秋晴》《小诗》等,有微型小说《凄惨》《快慰》《牺牲》,有小散文《繁华的夜市》《瞽者》《变幻》等,采用不同的笔名如"一民""鸿""秋柳""心花"等。他自制了一个牛皮纸色封面、硬纸板底的小本,把发表的诗文剪报一篇篇贴在上面,从日本文具店买回可转动日期的橡皮图章,在每一页上敲上写作日期和发表日期,并在第一页编好目次,写有诗文题目及所用笔名。

8月底的一份剪报上,有《大公报·小公园》编者列出作者的名单,提到:"诸君鉴,八月份小公园、电影、妇女刊稿费已结算,请自即日起持条盖章,向本报会计处领取为荷。"在这份名单上,辛笛把自己用的笔名旁都盖上了小小的圆圈章,有"鸿""心花"

1928年7至9月辛笛自制最早发表在天津《大公报》上的诗文目录

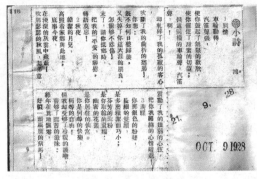

辛笛《小诗》剪报(笔名鸿)

"一民"等。可以想见,他做这些事情时是如何兴致盎然,晚年回忆起来还面带微笑。

1929年至1930年,他所写的散文或短篇小说又发表了11篇,用笔名尔德、心笛、一民等。如短篇小说《地狱般的人间》《河浜之夜》,散文《饯残春》《病中》《入秋的时分》《泪和笑》《随笔》等,这也证实了他回忆自己早年并不是一开始就想专写诗歌的,也尝试过短篇小说、散文等不同体裁的写作。由此稿费不断地增加,一个月有四五元,最多一次拿到十七元,手头渐渐宽裕起来,再也不用不吃午饭饿肚子省钱买书了;而他房间里的新书架上也膨胀起来,逐渐为各种各样的中外文书籍所装满了。

辛笛少年学诗,从《诗经》——古风——唐五七言绝句开始,到高中又学了宋词及元曲,又与几个同学一起学填词。此时他已摆脱了家长和私塾老师的影响,特别欣赏李义山、李长吉、周清真、姜白石等人的诗词。同时他发现写文太复杂,有了一二,还要三四,而

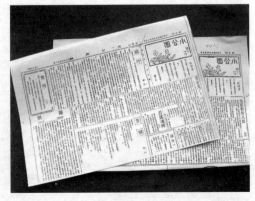

《大公报·小公园》刊登的辛笛散文(笔名尔德)

诗思凝练跳跃,可以从一跳到三,从三跳到五,之间有衔接又不衔接,可以靠节奏、音韵带过。他写文喜欢表达感情,但诗更重情,更能抒发情感。1930年,他写出第一首自认为成熟的白话诗《有客》。这是他读俄国作家库普林小说《晚间来客》而引发的。库普林的短篇小说诗意充沛,那种意境也是辛笛在生活中感受到的。这首诗写于夏日夜晚的雨后,抒写听到车马的铃声引发是哪位客人来访的猜想和期待。这首诗直到1935年7月4日才首次发表在天津《大公报·小公园》上,用的是辛笛自己从未提及的——也许已遗忘——带有女性化的笔名"梦嫦",诗题为《黄昏的来客》。此诗后收入《珠贝集》作为首篇,题目也改成《有客》。辛笛学了宋诗以后,诗观又有进一步的发展,他认为诗歌仅停留在抒情上是不够,会腻烦的,还必须加入理性,含有哲理,才经得起咀嚼。

译文接连发表

辛笛自童年时代就有兴趣翻译英文童话读物,随着年龄的增长,对翻译的爱好更是与日俱增。他读了林译西方小说,不仅欣赏小说故事性强,而且觉得林纾将魏易的口述转成文言的表达,文笔优美生动。此时学校的英文读物已无法满足他日益增长的求知欲,那些欧·亨利的短篇小说,丁尼生和朗费罗等人的诗歌,他觉得浅显了些;而麦考莱的政论文又太艰深;还有笛福的《鲁滨逊漂流记》、欧文的《见闻札记》、史蒂文森的《宝岛》等,尽管行文很好,但内容已无法满足他博览群书后的眼界了。于是他就去专卖英文新书的外文书店看看,天津伊文思书店的外文新书价格昂贵,不是他所能问津的,而且也没有什么具有高深文化水准的书或是文艺类

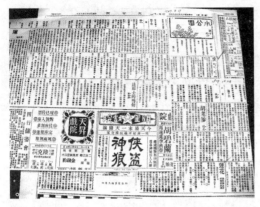

《大公报》"小公园"刊登的辛笛译文(笔名尔德)

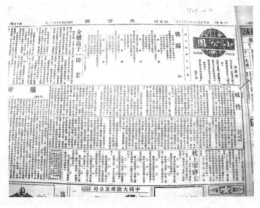

《大公报·小公园》刊登的辛笛译文(笔名心笛)

书籍,浏览之下他失望而归。

辛笛看到大哥馨逸回国时从国外带来"蓝皮小丛书",内有莎士比亚、王尔德、萧伯纳、法郎士等人的警句语录,他颇为喜欢,课余将有些警句和诗文一一翻译出来,也投到天津《大公报·小公园》上发表,如1929年8月至10月用笔名"尔德""一民"翻译法郎士的《爱》,海涅的诗《莲花》《俄谚》《萧伯纳语录》,高尔兹密斯的《俘囚》等;还有第一次用"心笛"笔名发表俄国作家柴霍甫(即契诃夫)小说译文《昧性》。

心笛这一笔名的含义是心中的一支笛子,颇有诗意。但随着以后年龄的增长,他把笔名改成辛笛,既含有时代的艰辛、人生的辛苦之义,又让人看不出是笔名,还以为像辛弃疾一样姓辛。

以后他又去逛外文旧书店和书摊,倒是有不少发现的惊喜。一次,购得美国近代丛书版的英译本《波德莱尔散文诗》等,回到家就迫不及待地阅读起来。他在《波德莱尔散文诗》中看到散文和诗可以结合得如此之好,形象、意境和诗味兼备,很受启发。尽管他不太欣赏波氏的颓废,但波氏对巴黎社会的罪恶和丑恶的大胆揭露,尤其以那种"看云的人"第三者之态度而超然于社会之外的气质,颇能打动他。他在课余翻译了《巴黎的忧郁》中近十篇散文诗,有《请醉罢》《镜子》《港口》《窗口》等,由此他对外国诗歌的关注陡然增加。其中已查到前三篇,也用笔名尔德,发表在 1929 年 9 月至 10月的天津《大公报·小公园》副刊上。

对外国文学的兴趣,使他直接阅读和翻译英文版小说。他在《1929 年英文最佳短篇小说》中选了一篇《古埃及的夜境》翻译,故事说的是一商人推销产品的狡猾手段,并附有译者注释和附记,刊登在1930 年学校杂志《南开双周》第六卷第四期上,用本名王馨迪。他又在旧书店里购得二手书英译本的《俄国最佳小说选》,挑了其中的一篇——迦尔洵的《旗号》翻译。这个故事中的人物感动了他:为了阻止火车脱轨,担心造成大量生命伤亡的灾难,这位信仰上帝的普通铁路巡查人刺破自己的手臂,用鲜血染红了手帕,将之扎在芦杆上,他高举着"红色信号旗"拼命晃动,司机终于看到了信号及时刹车,避免了一场重大灾难。这篇译文发表在 1930 年 6 月《国闻

1931 年辛笛中学时代用笔名心笛、一民发表在《国闻周报》的译文

周报》第七卷第二十三期上,署名心笛。

接着他还翻译了法国作家莫泊桑的小说英译本《农夫》,发表在次年 1 月《国闻周报》第八卷第二期上,作家译名为莫泊三,他作为译者用笔名一民。

辛笛在高中期间共发表译文计有 14 篇。

不忘提携者

辛笛一直记得那位素不相识的《大公报·小公园》编辑何心冷。正是这位"小公园"的"园丁"不断编发他创作的短诗、小文、微型小说等,有时还会与他通信,对他鼓励有加。在何编辑的扶持下,他增添了更多的写作兴趣和信心。他从编辑的名字隐隐感到,这大概是位失意者,一定有过大悲痛,但是觉得对他这个中学生却是处处热情关照,是位热心肠的人,只是始终无缘相见。

其实,何心冷是常州人。1926 年 9 月 1 日,《大公报》在天津复刊,由吴鼎昌、胡政之、张季鸾等接办,在知识分子中有广泛的影响。总经理兼副主编是胡政之。何心冷负责编辑副刊从"艺林"到"铜锣"到"小公园",并担任新闻编辑部兼采访部主任。他本人也从事创作,在到《大公报》之前,他先是胡政之在上海创办《国闻通信社》的得力助手,《国闻周报》创刊后,他经常撰写小说和文艺小品,负责文艺方面的编辑工作。他在主编《大公报·小公园》时,自称"园丁",定出了《投稿规例》①:

①见《大公报·小公园》,1928 年 9 月 25 日。

一、本园力求公开欢迎投稿(但园丁有选择之权,并不是每稿必登之谓)。

二、本园稿件,要有趣味,要有意思,不要无病呻吟的文字。

三、所有投寄稿件,概不退还,请勿附寄邮票,以免损失。

这个副刊办得活泼多样,兼容并蓄,格调也较高,尽管有人认为文艺气息还不是很浓,但辛笛的小诗文还是被采用了。作为"园丁",在编辑之余,何心冷在"小公园"上也会写上一些文字,可见于小专栏"镰刀""仙人掌""三言两语"等,后来不担任"园丁"还写过"冷话",以及散文"病中呓语"等。其中对时事、社会、人世均有评价,或针砭,如"官僚是啃老百姓,只要老百姓不死尽死绝,那么官僚的饭总是靠得住的。至于捞不捞,刮不刮,那是全凭良心"①;或揭露,如"法律是为一班没权势的小百姓们而设的,不论到什么时代,总是他们倒霉"②;或匡正时风,如 1928 年 9 月 29 日的一段文字:

贪官是谁都恨的:但是贪官要没有污吏他也无从贪起。反过来说,要不是贪官,那么污吏也不敢在他面前耍把戏。

其实贪官污吏的存在,也可以说是社会去养成他们的。一般人因为自私心太厉害,希望一件事情的成功与胜利,不惜费上整千整万的钱去运动。社会上一般人既然爱舍正路而弗由,自然他们便觉得捞钱容易了。

①见天津《大公报·小公园》,署名园丁所写"仙人掌"专栏,1928 年 8 月 25 日。
②见天津《大公报·小公园》,署名心冷所写"三言两语"专栏,1928 年 10 月 6 日。

　　所以我们一面赞成铲除贪官污吏，一面希望一般人要减少侥幸心，那么中国的政治才会清明呢。

　　这些文字即使在今天读来，仍感到并没有过时，充满了愤怒和正义感。

　　在同行们的回忆中，何心冷个子颀长，为人和蔼可亲，无论同仁还是印刷厂的工人学徒都喜欢他。他谈吐幽默有趣，平等待人，工作勤勉，不计较名利，新点子多，知识面广，涉猎新旧文学。他因办报、采访任务繁多紧急，与女友相恋多年，婚期一再延迟，直到 1929 年 31 岁才结婚。①"小公园"代理"园丁"在当年 8 月 6 日刊载了他结婚的消息和照片，题为"冰冷

《大公报·小公园》载"园丁"何心冷结婚消息

合作，甜蜜蜜的一对！园丁心冷和李镌冰女士"，让关心他的读者感到高兴而心满意足。但由于多年的劳累损伤了身体，他不幸于 1933 年 10 月 28 日英年早逝，享年 35 岁。天津《大公报·小公园》于 1933 年 10 月 31 日及时登载了他病逝的消息，并在 1933 年 11 月 12 日第 12 版整版刊登了《追悼何心冷先生专号》，那是从两百多份悼念文字中挑选出来的。所载照片是摄于心冷写"冷话"时，戴着眼镜，手握毛笔，照片的说明词为："他这一枝笔穿破了多少人的心！"整个版面凸显他在亲人、同仁和读者心中的份量。

──────────
① 徐铸成：《报海旧闻》，上海人民出版社 1981 年版。

此时辛笛已在清华大学外国语言文学系忙于念书，一二年级课程紧，课外阅读量大，无暇写作，从1931年起就没有再投稿给《大公报》，所以对何心冷先生的去世竟一无所知。待他再与《大公报》续缘已是1935年的事了。

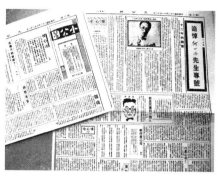

《大公报·小公园》悼念何心冷的版面

周作人赠条幅

辛笛在南开学校升入高中时，国文老师是沈启无，他毕业于燕京大学，是周作人的学生。文风颇似乃师，也有学问，辛笛甚佩服。沈启无在20世纪30年代初编选《近代散文钞》两卷(北平人文书店印行出版)，由周作人作序和新序两篇，俞平伯作跋。辛笛喜爱书中所收明清小品文，认为这类表达性情的文言若与新诗语言结合，自有其奇妙之处。沈启无对辛笛这位学生的文才也很看重，1935年辛笛大学毕业以及出国留学，

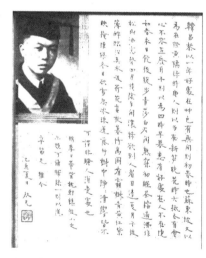

南开中学语文教师沈启无赠文辛笛并附辛笛清华大学毕业照

他还曾表示惦念。

中学时代的辛笛读过周作人的不少作品,如《雨天的书》《自己的园地》《泽泻集》等,从中得到熏陶,喜欢他的文笔。他的散文、小品文散发着温厚、清淡、闲适的情调,与少年辛笛的性情更接近些,而鲁迅的深刻犀利是他佩服但无法企及的。沈启无曾请周作人到南开中学讲学,辛笛得以见到自己仰慕已久的周先生,这也才有以后与周作人的几次交往。周作人在自己的文章中和日记里都曾提到过他。由于辛笛经常跑新旧书店和书摊,所以对新旧书和中外文书的信息比较了解。他读过英国作家格来亨写的英文版少年读物《杨柳风》,觉得很有趣。这本拟人的动物童话描写了四只可爱的小动物鼹鼠、河鼠、蟾蜍和獾之间发生的种种有趣故事,颇吸引人。他在和国文老师沈启无的闲谈中得知周作人很喜爱这本书。不久辛笛在逛外文书店时看到英国作家密伦根据《杨柳风》改编的剧本《癞施堂的癞施》,于是他买下这本书,送给了周作人。此事在周作人的《杨柳风》①一文中有所记载:

> 《杨柳风》于一九零八年出版,我得到的是一九二九年本,已是三十一版了,卷首广告密伦的新著剧本《癞施堂的癞施》,注明即是根据《杨柳风》改编的。恰巧天津有一位小朋友知道我爱那《杨柳风》,便买了这本剧本来送我,省得我再花钱去定,使我非常感激。我得到这剧本后又把它从头至尾读完了,这是根据格来亨的,却仍是密伦,所以觉得很有意思。

①《杨柳风》,收入周作人《看云集》,上海开明书店1932年版。

这里文中提到的"天津有一位小朋友"就是在南开中学读高中的辛笛。不久辛笛得到周作人赠送的条幅墨迹，上书日本诗人大沼枕山所作七绝："未甘冷淡作生涯，月榭花台发兴奇。一种风流吾最爱，南朝人物晚唐诗。"辛笛收到条幅很珍惜，尽管他觉得这首诗写得一般，唯后两句尚佳。遗憾的是条幅在以后的战乱中丢失了。这首日人所作汉诗是周作人所喜爱的，他后来在《日本管窥》一文中提到日本诗人大沼枕山擅长作汉诗，他当初在永井荷风的《下谷丛话》中读到大沼枕山的一首杂言之一，很是喜欢，后来买到《枕山诗抄》，在初编卷下找到这首诗。将自己喜爱的诗录下送人也是很自然的事了。

在周作人日记[①]里 1930 年有六则提到辛笛，除了记载辛笛赠书给他外，还提及信函往返、他拟将裱好的条幅相赠以及到天津返北平时辛笛与其他人来送别等事，写有辛笛的本名王馨迪、笔名王辛笛、王心笛及心笛：

1930 年 1 月 5 日　受信栏目　王馨迪复　民生
　　8 月 1 日　上午在家　下午启无来代交王辛笛见赠书一册　玄同来　十一时去
　　8 月 2 日　发信栏目　仲子　耀辰　王心笛　赵万里
　　8 月 8 日　受信栏目　王心笛　劲西片
　　8 月 20 日　上午写信　下午傅仲涛君来访　遣人往厂甸取所裱条幅拟赠王心笛君者
　　11 月 9 日　上午九时五分同平伯乘大车出发　启无霁野　肇洛　心笛及万衡女士来送　十二时二十分到北

①见《周作人日记》，大象出版社 1996 年版。

平即回家　平伯分予野鸭一只　启无赠广东白糯米酒冬
瓜糕各二瓶　晚金九经君招宴　辞　废名来旋去　骆驼
草拟出至二六期止即停刊　付洋十五元　九时睡

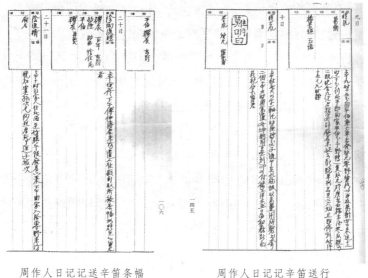

周作人日记记送辛笛条幅　　　　　　周作人日记记辛笛送行

三年后周作人日记中，还有一次记载辛笛和同学曾去他家访
问：

> 1933 年 9 月 17 日　下午王心笛余童心二君来访
> 肇洛来访　约往天津扶伦中学讲演　废名来取尺牍一册
> 去　晚陈桂琴女士来访

但辛笛已不记得这一次拜访了。他在清华大学忙于读书，努力
补充中外文化知识，不想再去打扰周作人。抗战期间周氏沦为汉
奸，为爱国人士所不齿，辛笛与他更没有往来。

抗战胜利后，周作人被判汉奸罪，关押在南京老虎桥监狱，至1949年1月因国民政府即将迁台而被保释出狱。他到上海后，贫困之极，寄居在尤平白（炳圻）家的亭子间。尤氏是他后期弟子，也是他任沦陷区北京大学文学院院长时的秘书。尤氏又是李健吾的内弟，辛笛与李健吾相熟。当时李健吾任教于虹口上海戏剧学校，就近居住在横浜桥。念旧的辛笛去李健吾家看望十多年未见的周作人，见他精神尚好，坐牢未受大苦，但经济窘迫得很，连回北平的路费都没着落。临走前辛笛留下两万老法币，请李健吾转交周氏，权添作他回家的盘缠。周作人日记记录："1949年8月8日王心笛来访，赠旅费二万元。"①之前周作人日记还有记载："5.13平白交来小头五枚，系王心笛所赠，连前龙洋共有十一，均由李健吾转来者。"②这5月记载的内容辛笛自己已全然忘记了。

20世纪90年代对周作人做汉奸有各种说法，辛笛认为不管如何解释，他做汉奸是不可原谅的，但与自己后来送钱给他回北平的家，这是两码事。"他做汉奸犯了罪，这段历史是无法抹掉的。他应该受到惩罚。但他出狱后身无分文，实在很惨，我给他一些帮助，那也是应该的。"这段起于天津少年时代的忘年书缘之交，随着周氏北上回家后画上了句号。

国文先生张弓

辛笛在南开高中的另一位国文先生是张弓（檠铭，1899—

---

① 张菊香等编：《周作人年谱》，南开大学出版社1985年版。
② 钱理群：《周作人传》，第525页的注释抄录该条周作人日记，北京十月文艺出版社1990年版。

1983）。他欣赏辛笛的作文,常加以赞扬,不仅在男中的班上朗读,还拿到南开女中朗读,所以辛笛在当时的学生中也已小有名气。女中的黄燕生到老都记得辛笛作文常被老师推荐表扬。

　　辛笛把张弓老师视为自己的文学启蒙者。这位先生是江苏灌云县人,一口南方口音。1924 年他在武昌师范大学国文历史部毕业,博学多才。他著有《中国修辞学》一书,1926 年就由天津南开华英书局出版,是我国修辞学历史上较早的一部专著。辛笛就读南开中学时他正任教于此校。在学生的印象中他的模样有些古怪——常穿紫绸衫,绿缎子跨裤,粉红的面孔,梳个大包头,戴着黑边眼镜,讲课时凝视着前排学生,讲到《快乐王子》(乐人洋珂)等故事的得意之处,会手舞足蹈,感染着学生也兴奋起来,跟随他进入美境。①他是日本留学生,喜欢厨川白村的著作。他对辛笛格外关注,课后经常介绍这位得意门生看鲁迅翻译的《苦闷的象征》《出了象牙之塔》、刘大杰译的《走向十字街头》,还有本间久雄的《西方文艺思潮论》等。这些文艺理论对辛笛文艺思想的形成很有影响。辛笛在 1929 年发表的《饯残春》和《梦》两文中就引用过厨川白村的观点。张弓不久从南开中学调往南开大学本部教预科。他不知道的是,在预科听他讲授国文课的学生中竟有以后成为辛笛妻子的徐文绮。

---

①张介源《杂忆南中 1930 班》,《南开校友通讯》1990 年第 1 期(复 12 期)。

第四章　北上清华天津余事后叙

南下请愿抗日

1931 年 9 月，辛笛考入清华大学外文系不久，九一八事变爆发，日本侵略者自行炸毁沈阳郊外的一段铁路，却诬陷是中国军队所为，以此藉口炮轰东北军驻地，进而占领了沈阳。举国激奋，华北已放不下一张平静的书桌，大学生们热血沸腾，清华、燕京的学生组织起"南下请愿团"，要求国民政府抗日。领头的学生以卧轨的方式使火车停开，让大伙可以不买票爬上火车，辛笛也随同学们一起去了南京。在南京他们先举行请愿游行，然后聚集在南京总统府门前或是南京中央军校，要求面见蒋介石。此时已是夜晚，学生们又渴又饿，但仍然情绪激昂，终于等到蒋介石出来接见大家。他说已派兵去了北方，问大家看到兵车没有；他肯定了学生们抗日爱国热情，并表示大家旅途劳顿，需要休歇，将安排吃饭、住宿及回程的车票云云。学生们听了之后产生意见分歧，有的认为不能听信老蒋的口头说法，也许这是打发学生的缓兵之计；有的认为蒋委员长毕竟接见了大家，政府已派兵，再在南京静坐失去意义；有的感到饥肠辘辘、疲惫不堪，还是先吃饭休息再说……意见最终无法统一。少数人还在坚持，多数人则离开并分散到住处，直到半夜 12 点才吃上饭。辛笛随大家一起离去，次日坐火车回北平。这是辛笛唯一一次壮举，但深感众人意见分散，决策无法取得一致，而个人选择也颇犹豫不决,看来革命实属不易。他内心觉得自己就像屠格涅夫笔下的罗亭,像一只断了线的风筝在天空无根地飘荡着。罗亭,那是俄罗斯文学中的"多余人"形象之一。

而对那些勇于参加革命的同学他是佩服和同情的,如高班①的唐明照、低班的蒋南翔、同班的高承志等。当蒋南翔在清华大学遭到警察搜捕时,辛笛把他藏在自己的宿舍;当高承志因参与活动被捕后,他会冒着风险去监狱探望并送去必需的衣物。当时为什么不害怕? 答曰:"因为我不是共产党,心中坦然得很。"

辛笛知道自己只是个读书人,尽管同情革命者,但还是专注于学习。他认为没有知识和文化,对国家和自己都无益处。而他的人生理想很平实,只想做个教师,业余能够写作。大学的课堂和图书馆对他很有吸引力,学问像浩瀚的大海, 只有像海绵一样努力汲取,才能不断地充实自己。而清华的校训就是"自强不息,厚德载物",这是他认同并遵循的。他切身感受到清华学风以笃实认真为特点,进行通才教育,要求学生多读勤读,并写读书报告和评论;先博后专,故提倡除研读专著外,还要博览群书,以期融会贯通。

辛笛在清华大学

与在南开中学一样,辛笛在清华大学读书也很努力,感到自己知识的不足,阅读不成系统,得专心"恶补"有关外国文学和文化等方面的知识,课余的时间几乎都用来学习。尽管他已有较好的英文基础,但仍苦读字典,每天背诵一页单词和注解,若有遗忘,翻回去再背,如此往复,词汇量大增,例句会用,读原著更为畅达。而寒暑假

①当时一个年级仅有一个班级,所以称高班或低班,即指现在的高年级或低年级。

里坐车回天津探望母亲，随身
总是带着一本字典，路上闲来
无事，当成小说来读，可以随时
进入其中，又可以随时放下，不
怕被打断，以至养成了后来的
"字典癖"，对各类字典都有兴
趣，都会购买收藏。20 世纪 40
年代后期还专门写出《看图识
字》《英美俚语字典谈》等文，刊
登在《大公报·出版界》专栏里。

当时清华外文系名师荟
萃，延聘了十多位外籍教师。
辛笛对吴宓、叶公超和温德
（R.Winder）的讲课留下难忘的

辛笛在清华园宿舍读书

印象。对有关诗歌的课程更加用心，王文显上莎士比亚课，讲解无
韵诗、素体诗，让辛笛感到有诗味；但讲到戏剧史，他就学得马虎
了。吴宓开设《十九世纪浪漫主义诗歌》，要求学生直接阅读华兹华
斯等湖畔派诗人和更年轻的拜伦、雪莱、济慈的英语诗歌原文，提
高他们鉴赏诗歌的能力，从节奏、音韵、格律直接体悟英诗语言的
内在美，感知抒情、比喻、象征等手法在诗歌中运用的精到。辛笛读
后欣赏雪莱有仙气，但最喜欢的还是济慈，他的"美即是真，真即是
美""诗人无自我"等诗观也是辛笛所激赏的。温德所开的选修课
《勃朗宁》，更是将勃朗宁的讽刺诗、戏剧独白的特点讲得有声有
色，辛笛晚年闭着眼睛回想起来还赞叹道："我们的美国老师温德
讲勃朗宁，呵——，他讲得真好哪！"而叶公超课上介绍英美现代诗

歌,尤其推崇艾略特的诗,讲课旁征博引,酣畅淋漓,大大地打开了他的眼界,引起他对艾略特诗歌的关注,发现艾略特既尊重传统,又表达对西方文明没落批判的时代气息。辛笛后来编辑《清华周刊》文艺专栏时,就曾发表过同学章克桥翻译的《论艾略特》一文。在课后他找了更多的英美现代诗歌阅读,感到尽管文字不同,但与他所熟悉的中国古典诗人如李义山、李长吉的作品在官能通感等方面有着相通之处。所以他认为,自己的诗歌创作不仅受到西方古典和现代诗歌的影响,更有中国古典诗词给自己打下的根基。叶公超对新诗的格律、文字以及新旧体诗的看法也为辛笛所赞同。当时新批评派的代表人物之一瑞恰慈正在清华教书,他看重文本细读,有点像中国诗话文体,从作品解读,而不是空谈理论,这样的批评方法对现代诗有影响。在大学,阅读面和知识面更加扩大、更为系统,辛笛逐渐形成自己的创作原则:取抒情哲理短诗弃叙事长诗;追求含蓄隽永舍狂放不羁;注重语言的节奏,并随着情绪的变化而变化。在清华他也还写散文发表,但已放弃小说的写作,因为太费时间,决定以写诗为主。

中文系更是有众多名师,辛笛尽管集中精力扩充外国文学的知识,但只要有时间也会悄悄坐到中文系的教室去旁听这些名师的课,如闻一多的《唐诗》和《楚辞》,俞平伯的《读词偶得》和《读清真词》,郑振铎的《中国文学史》和《宋元戏曲》等;有时甚至还会抽空

辛笛诗作《生涯》手迹

去北京大学旁听朱光潜的《美学》,所有这些课程都让他受益匪浅。

在大学课余期间,辛笛结识了巴金、卞之琳等友人,那是靳以和巴金在北平三座门大街 14 号创办《文学季刊》的时候。辛笛与中学好友章功叙的大哥靳以早在天津就认识。此时靳以和巴金一样都已有文名,小说写得令人称赞。辛笛正是通过他,认识了巴金,并与这两位年长于他的文友结下一辈子的友情。他的诗作《生涯》《怀思》《冬夜在西山》,也在《文学季刊》及卞之琳所编的《水星》上发表,均用笔名辛笛。

南开校友情

大学一二年级辛笛专心于学业,无暇写诗,到三四年级,读书已游刃有余,诗情又回到心中。当现实触动了他,更有诗情涌动,而有几首诗都是与他天津南开同学有关。小诗《夜别》就是写他与南开中学好友高承志的离别。

高承志的父亲高绳芝是清末民初潮汕著名的华侨实业家。1910 年承志生于广东澄海,4 岁丧父,15 岁离开汕头老家,到天津求学,16 岁入天津南开中学,与辛笛成为好友。中学时代他曾与高班的唐明照住一个寝室,受其影响,成为革命的追求者,在地下

发表小诗《夜别》的刊物

党的领导下为被捕的党员做狱外联络工作。他同辛笛一起考入清华大学外文系,但他还加入了进步组织,成为读书会负责人,与在校的地下党员姚依林、蒋南翔等有联系,因组织学生运动而被捕入狱;同时被捕的还有低两班的社会学系柳无垢(柳亚子之女)等人。辛笛并不清楚承志的具体身份,只知好友因进步活动入狱,于是就带着衣物去探监,并为营救好友到处找律师,希望能为之辩护。在狱中高承志经受了吊打审讯等折磨,但始终不肯吐露组织秘密。他被捕的消息传到汕头老家,高家派人到北平疏通打点,十多位被捕学生的待遇得以改善。二十多天后,在狱中接北平地下党指示,后关押在北平宪兵监狱的学生均以左翼文学会的名义出狱。承志被释放后,被迫辍学回汕头老家。辛笛得知其将离校,心情郁闷,他用一首含蓄的《夜别》来表达,想象好友所坐的驿车在海一般的夜色中远去,离别的苦涩、为好友前途未卜的担心,让他的"心沉向苍茫的海了"。诗末落款处透漏了写作的时间和背景:"一九三三年十二月,泽南归前夜",高承志曾用名高楚泽。这首诗最早发表在《清华周刊》第 41 卷第 3、4 期(1934 年 4 月 16 日)"文艺专号"上,第一次公开在刊物上使用笔名辛笛。其实,早在平时与师友的交往中他就多用"辛笛",有的友人嫌他本名馨迪的"馨"笔画太多,甚至就简写成"辛迪"。不过,他坚持用"辛笛",这成为他写新诗最常用的署名,而进入社会后写旧体诗则大多署名"王辛笛"。

高承志(1910—1994)后复学,继续从事革命活动。1949 年以后先后在天津军管会财经委员会、天津工业局任职并担任领导工作,主持过天津展览馆建设(天津马场道旧址)。1978 年任天津科委编译委员会副主任。他作为核心成员,组织编译了巨著《顾维钧回忆

20 世纪 80 年代辛笛与南开中学校友高承志夫妇等合影

录》及参与《大英百科全书》的翻译工作。1994 年在天津病逝。[①]

辛笛的成名作《航》也与他中学同学黄彬有关。黄彬家境贫寒，但读书用功。父亲早逝，弟妹还小，他不得不挑起养家的重担，为母亲分忧。尽管学业优秀，但中学毕业他未能考大学，为抚养弟妹而离开天津去大连谋生。1934 年辛笛利用暑假，第一次坐船去大连看望好友，希望能给他些许慰藉。在海船上，辛笛看着帆起帆落、碧波荡漾、日出日落，光影变幻无穷，大海浩瀚无际，联想到好友的生活遭遇，感慨万千，写下也是他的代表作之一《航》，表达了他对人生的感悟和印象，最后两句更是满含惆怅和无奈——"将生命的茫茫 / 脱卸与茫茫的烟水"。两年后的 1936 年 6 月 26 日，该诗发表在天津《大公报·文艺》副刊上，并收入《珠贝集》。

①高承志的经历见其长子高洁网上文《高承志的革命生涯及潮汕的情结》。

1934年春辛笛与南开中学同学游平西卧佛寺

与黄彬相关的诗作还有《款步》①。辛笛到大连后，与黄彬相聚甚欢，两人常去海边一边散步，一边看海景，一边聊天，辛笛看着好友的微笑，相信生活重担并没有压垮他，彼此心照不宣，语言似乎已是多余，只有草叶承载了沉甸甸的友情之分量——"草垂垂地白了"。这诗其实是隐去具体的人物和事件的，只是营造一种氛围，表达一种情绪，也只有在落款处同样漏出了有迹可循之线索：一九三四年八月与"PIN"海滨缓步。"PIN"正是黄彬名字的威妥玛式拼音。此诗刊登在1935年7月4日天津《大公报·小公园》时，诗题为《海滨夜步》，作者辛笛，在《大公报》上还是首次出现这一署名。《海滨夜步》收入1936年出版的《珠贝集》中改成《款步》，收入1948年的《手掌集》中诗题为《款步口占》。在清华读书之余，辛笛有空也会陪着南开校友同游名胜古迹。

1934年辛笛在盛澄华、李长之之后接任了《清华周刊》文艺栏主编，直至毕业。当时编辑部分工如下：《清华周刊》总编辑蒋南翔，文艺栏负责人王馨迪（辛笛），社会科学栏负责人韦毓梅（孙兰），文哲栏负责人杨德基（杨述），经理部总经理唐宝心，副刊负责人姚克

①收入《手掌集》，改诗题为《款步口占》，上海星群出版社1948年。

广(姚依林)等。

　　为办好这个文艺栏目,辛笛颇花了功夫。他刊登过同学章克标翻译的评论艾略特的文章,发表过后来成为"九叶"诗友的女诗人陈敬容的诗作,而他自

1935年《清华周刊》同仁合影。前排右二辛笛,右三唐宝心,右四蒋南翔,左一韦毓梅(孙兰),左三杨德基(杨述);后排左二姚克广(姚依林)

己的诗文在这一时期也创作颇丰。在《清华周刊》上他所写的诗文除署名辛笛外,还用过笔名华缘。

甘雨胡同六号

　　1935年辛笛清华大学毕业。在大学他和两位好友盛澄华、孙晋三被戏称为三剑客。盛澄华研究纪德,毕业后就奔赴法国巴黎,可以就近请教纪德;孙晋三的毕业论文是研究劳伦斯,考取了庚子赔款留美官费生,去了美国;只有研究哈代的辛笛没有马上出国,而是想做两年事情,了解自己和社会最需要的是什么再说。他觉得老兄少年出国留学,年纪太轻不了解中国,又养成一些洋毛病,学成回国后与母亲相处不好。母亲是旧式妇女,看不惯他不懂礼仪规矩,把脚翘在桌上与长辈说话,也接受不了他的新派思想。他则责备母亲没让大妹进新式学堂,没好好养育小妹……母亲因此很痛苦,觉得留了洋,连祖宗都不认了,家庭气氛给辛笛和弟弟带来压

辛笛的教师证书照

抑,他俩都同情母亲。所以辛笛并不急着出国,想明确出国学习什么之后,再去英国留学也不迟。他应聘在北平两所中学教书,一所是贝满女子中学,教初三和高一语文;一所是艺文中学,教英文。他月薪有九十多元,解决自己的吃住日常生活全无问题。

因在北平教书,辛笛租住在甘雨胡同六号。这里原先是个道观,香火中断多年,主持的道人就把道观改成了客栈,利用围墙分割成几个小房间,专供单身客人居住。这个住处离他任教的两所中学都不远,走路去学校上课很方便。尽管只有一间不大的房间,但让他喜欢的是,有个小院子,院里有花木生长,关起院门来自成一体,十分幽静,看书、备课、写作都无嘈杂声打搅。那首《丁香,灯和夜》就是在这里灯下看着窗前的丁香树所抒写的夜景,落款则标明:"一九三六年四月甘雨六号"。此诗发表在》1936 年 7 月 17 日《大公报·文艺》副刊上。

还有《二月》①《潭柘》以及日记体散文《春日草叶》,均是在这个院落写成的。

友人们常来此聚谈,也不会影响外界。高承志复学

1936 年辛笛在甘雨胡同六号

① 初发表题为《无题》,收入《手掌集》改为《二月》,此为《手掌集》版。

后会来此坐坐；仍在清华读书的低班同学唐宝心和在北京大学读书、爱诗写诗的杜南星更是经常到此相聚。在《二月》一诗中仿佛可以听见友朋的呼唤，"HT"是"辛笛"的威妥玛拼音：

> "HT，你喜欢家吗
> ——隔院的花开过了墙。"
> 但我更爱北国春日之迟迟，
> 看高风下，
> 晕了酒的月亮安心。
> 你知道，
> 当轻马车碾着柳絮的时候，
> 我将是一个御者，
> 载去我的，或是你的，
> 一蓑风，一蓑雨。
> "是的，朋友，二月雨如丝，
> ——二月的好天气"。

一九三六年二月　月夜有风

　　这首诗最早发表在 1936 年 4 月《绿洲》创刊号第一卷第一期上，诗题原为《无题》，当时年轻的辛笛感觉这首诗过于轻灵了些，就没有收入《珠贝集》，但后来收入了《手掌集》，改为《二月》。其实此诗的轻灵和亲切正是它显著的特点。
　　唐宝心比辛笛晚一年入清华大学，他和杜南星是通县师范学校的同学。唐宝心于 1936 年毕业，入研究院学习，因抗战爆发辍

1936 年辛笛与大学同学唐宝心

学;后去贵州,参加创办贵阳清华小学并任教师、校长达 10 年之久;40 年代后期留学美国,获硕士学位,1950 年回国,在天津从事外贸工作,后调天津师范大学外语系任教授;他也参与了《顾维钧回忆录》的翻译工作,并翻译《曼斯菲尔德短篇小说选》等。让辛笛羡慕的是北京人唐宝心、广东人高承志等大学好友最后都在天津成家立业,而他这个生于天津、长于天津的人却在上海定居了六十余年。20 世纪 80 年代唐宝心和高承志共同赠送他们翻译的《顾维钧回忆录》给辛笛,辛笛为此专门写了文章《读〈顾维钧回忆录〉》①。

与弟合出《珠贝集》

在北平任教居住在甘雨胡同六号期间,辛笛除了收到大学好友盛澄华一封封函催他尽早到国外留学的信件外,还收到四弟辛谷自天津写来的一封信,抄录在《春日草叶》②中:

> 我立在前月台微温的阳光下,是春天了,我却感觉不到春天的意味。
> 昨天下午为几个考取航空的同班生开临别大会。大

①收入辛笛著《婀嬛偶拾》,上海教育出版社 1998 年版。
②原载《绿洲》1936 年第 2 期,后收入《夜读书记》作为附录一,上海出版公司 1948 年版。

家的心情是黯淡而凄凉，互相勉励的话充满了青年人的烦闷与悲痛。灰色笼罩了所有的人心。

人类的社会原应为幼小者们着想的，为后天的弱者留地步，而现代并不如此，这就是"为什么个人要牺牲自我，为什么要以他人的利益为前提，去奋斗去克服"的理由，这是我看完《块肉余生》后的感想。

哥哥，在大时代的动荡中，个人算什么呢？

弟弟写来这样一封沉痛的信，辛笛"看完了，不想说什么话，是没有泪的沉默"。青年人原本应该是青春勃发，对未来充满憧憬的，但辛谷的信却让人看到青年一代对前途感到渺茫、无奈和悲愤。辛笛内心郁闷，

1935年辛笛所写日记体散文及刊出杂志封面

想着弟弟的信，又听着甘雨胡同六号外的街巷里每夜总有一个少年的叫卖声，微颤而悠长，不知他叫卖着什么，但直觉地感到他的悲哀，总想持灯出门照寻一下，看看究竟是个什么样凄凉的少年，有着怎样的身世，踱着凄凉的夜，为着他的口粮，也许还为着全家人的生存。①现实实在不尽如人意。

①见《春日草叶》。

　　辛谷看着哥哥从中学时代就开始写诗，既受二哥的影响，也不甘示弱，于是有兴致时也常写上一首。他的诗也一如他信中流露的情感，敏感而悲愤。年轻的他心理是压抑的，感情是沉重的，写《年景》，却没有喜庆的气氛，只有太太小姐和乞丐叫花子、爆竹和呼号、笑脸和凄凉等现实景象的对比，透漏出他的不平之感。尽管他从来没坐过牢，但他有两首诗写的正是被囚的心情，如《Caged》《囚牢》，年纪轻轻的他仿佛身临其境，洞察分明，其实是把整个社会看成是没有真理、散发着霉腐气息的牢笼。有的诗如《错乱》，题目就起得颇有现代意味，用现代人的醉眼、梦眼、冷眼看人世的颠倒、错乱和沉浮，表现出一种清明的眼光。而少年人有着老年人的悲哀更是他几首诗的主旨，与雪莱的有"冬天来了，春天还会远吗"让人充满信心截然不同：在《秋冬之际》一诗中，他以自然季节的变化暗喻人生，从秋天到冬日，则是与垂老、与死寂相连；而《风前烛》在形式上就采用阶梯式下降的诗句排列，仿佛走向下坡路，少年逐步走到饱经风霜的老年，因此也嘲讽少年的幼稚天真——"老年的心笑着少年的感情"。几首诗中"本能""死寂""错乱"等字眼的运用就与西方现代派诗歌相近。2000 年在他八十三岁时提到自己十四五岁念初中时写的一首《遗容》，仍然记忆犹新：

> 不要让时光冲淡了的影子回来，
> 述说燕子般的时光；
> 不要翻开结婚时候的照像，
> 看一朵春花开在你脸上；
> 不要用锈色的目光凝看自己的像；

说遗容是浮光掠影吧，

遗容告诉你，

生命最空虚！

这首诗写得比《珠贝集》中的诗作更早，诗结构倒也完整，展示小小年纪的他看着照片上的自己，将人生的三阶段简洁地一一展开：燕子般轻盈的青春、春花般幸福的结婚，转瞬"用锈色的目光"来形容老之已至，然后直指题旨——遗容，竟然得出"生命最空虚"的结论！

辛笛读后，评价道："老四的诗太悲观！"其实，辛谷也不是一味的悲观，他能在"忧愁里看见快乐／黑暗里孕着光明"（《勇者之生》），因此勇者有着抗争的力度；而为了未来，则要"学激流里逆泅的蝗蚁／作生活的担当"（《生活》）。他也能用短短的诗句写出清澈透明或留有余味的意境，如《夜行》《朝夕》。

辛谷的诗和辛笛的一样，篇幅都不长，甚至更简短，不过，兄弟俩诗风截然不同。辛笛早期的诗蕴涵古典的含蓄、抒情，而辛谷的诗则充满了现代的骚动、愤懑；辛笛诗似有着"为赋新诗强说愁"的味道，辛谷的诗倒像"却道天凉好个秋"；辛笛的诗句精致倩巧，辛谷的诗句简洁有力。难怪海外爱诗的人读过《珠贝集》之后，总以为诗风苍凉老到的辛

1936 年辛笛与四弟辛谷合出的新诗集《珠贝集》封面

谷是辛笛的哥哥呢。

1936 年 6 月，在辛笛准备出国留学之前，兄弟俩把各自所写的新诗十余首，汇集在一起，合出了一本诗集，起名为《珠贝集》，含义为贝壳里有珍珠，炼成珠不易，是贝的精华；也因为他们的诗在于精，而不在多，追求现代；更是他们手足之情的结晶，也是他俩所珍爱的。毕业于北京大学的诗人南星是辛笛居住甘雨胡同六号时的常客，他同样颇为欣赏这个居处，后来把自己的散文集名专门题为《甘雨胡同六号》。他在辛笛出国留学后入住该处，曾写有一首较长的诗《寄辛笛》："记得你的故居么，/ 让我们同声说那胡同的名字。"该诗原载 1937 年 2 月 3 日天津《大公报·文艺》副刊，用笔名林檎，收入南星诗集《石像辞》，改诗题为《寄远》。而在辛笛还未出国之前，为辛笛、辛谷的诗合集，他早就特地赠诗："那美好的小院永远是你的"，一首心领神会的《题赠》印在这本《珠贝集》的扉页。

昔日的南开老师

当时北平甘雨胡同六号还有一位房客，那就是辛笛在天津南开中学的国文老师沈启无。他住在另一边的单间小屋，曾隔墙目睹辛笛在小院里吟诗的情景。当年就是沈启无请周作人到南开中学来演讲，辛笛得以

收入《怀辛笛》的沈启无诗集封面(局部)

见到周作人,并与他有过交往。在辛笛出国后,沈启无还牵挂着自己的学生,写有一首诗歌,后起名《怀辛笛》:

怀辛笛

在风尘里老了的燕子
在风尘里也消失他的虹

出门都是陌生人
游子的心醉了
为什么天涯总是梦中行呢
我恍惚这个古城里乃有我的家
别让远方的朋友再担心我的足迹
这里是没有什么水的

碧天如水
江南的波上晚风
你常常说是我爱水的
这里却有着故乡的白云
新近我又很有一个爱山的情意了
我会凭着白云传语的

两年后,沈启无又抄录了他的诗歌旧作《怀辛笛》,并写有一篇诗后记:

　　此亦旧作,本无题目,而今题上怀辛笛三字,实以表示我对于这位青年诗人一番怀念之意。辛笛未去英国之前,曾经和我同住在东城一个庙里。他甚喜诗,亦时时自己写诗,深更得句,小院低吟,这情景仿佛就在目前。记得他的珠贝集有好些诗都是在那里写得的。我平日不怎么写诗,偶爱闲静,对此古城,长怀留恋。曾有几首诗写我之爱好,辛笛读之喜悦,有些句子却常被他提起的:"我也爱这个古城,我爱这城正好不是一个雨的城,这里的风尘正好有他的虹。"凡在这古城耐久的人,殆亦同此颜色之感欤。

　　辛笛去爱丁堡已经两年多了,异国乡愁,不免也如勃朗宁在四月的意大利还怀有归欤之叹。不过,这一片古城景色,在辛笛梦忆里的,总依然保持那原有的面貌,自谓经过旧不迷,安知峰壑今来变。去年秋间,辛笛来信问起居, 曾报以短简云,"我还住在这个古城里度我暗淡的日子。"屈指不通消息,又是一年。顷偶检阅辛笛初从爱丁堡寄示书札及诗,诗题名"相失",真不禁有相失之感。安得常有我故乡的白云,遥遥传语。

二十七年十一月二十日附记

　　诗后记中提到,辛笛曾寄《相失》一诗给这位昔日南开的国文老师。此诗最早发表在 1937 年 6 月 27 日天津《大公报·文艺》副刊上,收入《手掌集》时改诗题为《门外》,将主题表达得更为含蓄一些。但辛笛后来得知沈启无做了汉奸,这段始于南开中学的师生之谊也就从此中断。听说周作人和沈启无尽管都做了汉奸,但两人后来闹翻,周作人"破门"不再认这个学生。但这篇《怀辛笛》及诗后记一再被沈启无收入自己的诗集,如1944年以开元之名与废名合出的诗集《水边》(新民印书馆版)等书。

与天津《大公报》续缘

辛笛在大学学习期间和教书之余所写的新诗文,有的发表在《清华周刊》《绿洲》上,有的刊登在《文学季刊》《水星》上,也有继续投稿给天津《大公报》的。他对《大公报》始终怀有亲近感,这是最早刊登他处女作的报纸。因投稿又结识了《大公报·文艺》副刊编辑萧乾。萧乾1935年燕京大学新闻系毕业,沈从文推荐他到天

1990年6月22日老友重逢——萧乾、文洁若夫妇来看望辛笛和文绮

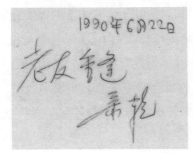

1990年6月22日照片背面的萧乾
题签(文洁若写日期)

津《大公报》协助自己办副刊。《大公报·文艺》副刊是沈从文在1933年9月创办的,作者有沈从文、冰心、李长之、卞之琳、废名、靳以、林庚、中书君、杨季康、李健吾等等。1936年4月沈从文离开后就由萧乾接手。萧乾为副刊增色也动了不少脑筋, 付出不少心血,邀请一些作家、学者编辑各种特辑,如黄源编的"译文特辑"、梁宗岱编的"诗歌特辑",以及还有"艺术特辑"等;副刊既登作品,也有创作经验谈;还开展几次专题讨论,单从各个角度谈论书评问题就出过四期整版专刊;他还主持过"大公报文艺奖"的评选工作等等。

前述辛笛的成名作《航》就是发表在天津《大公报·文艺》第169期"诗特刊"上的,还有《海滨夜步》《丁香、灯和夜》等也先后见报。即使辛笛到了苏格兰爱丁堡大学留学,在异域所写的《挽歌》《相失》《客心》,萧乾仍刊发于1937年的1月30日、6月27日和7月25日"文艺"副刊上。在辛笛未及出国前每逢回津省亲,就会去大公报馆,找萧

1995年辛笛夫妇在家与萧乾夫妇相聚

乾相聚。他俩常一起到小白楼吉美林包子铺,边吃边聊,谈文学、谈副刊,晤面甚欢。萧乾直到晚年给辛笛的信函中还会回忆起这些往事。而1990年和1995年萧乾和文洁若夫妇来沪均看望辛笛夫妇,拍照题词为"老友重逢"。

告别故土赴英伦

已在法国研究纪德的大学好友盛澄华不断来函,催促辛笛不要再犹豫不决,不要再耽搁,尽早去英国留学,并要他途经巴黎到自己那里小聚。而国内的局势也越来越紧张,日本侵略者虎视眈眈,步步逼近,辛笛终于下决心离开了。临别写下的《垂死的城》作为他三十年代前中期写诗的一个终结,但此诗没来得及收入《珠贝集》,后来收入《手掌集》的"珠贝篇"作为最末一首,落款说明"题《珠贝集》尾":

垂死的城

主人有意安享静好的小居
然而不愿待见落叶纷纷
径自与这垂死的城相别
与最后的声音颜色相别
是的,这里有温馨的友人
风沙的游戏,工作的愉快
窗下有花和一些醉酒的地方
但他想,风景与人物都会因空气的腐朽而变的

暴风雨前这一刻历史性的宁静
呼吸着这一份行客的深心
呵,是谁
是谁来点起古罗马的火光
开怀笑一次烧死尼禄的笑——
海上夜明的时候
他会轻轻地掩起了窗扉
抱住那深闭长垂的帷幕
像是抱住了今日之记忆
去了
远了
死了后何来永生之叹
"朋友,你要坚强"
——在沉沉睡了的茫茫夜
无月无星
独醒者与他的灯无语无言
阴湿的四壁以喑哑的回声说
从今不再是贝什的珠泪
遗落在此城中

一九三六年夏别去北平
题《珠贝集》尾

他预感到"风景和人物都会因空气的腐朽而变的",因此也就
"从今不再是贝什的珠泪 / 遗落在此城中",这也更点明了以《珠贝

集》命名结集出版隐含的时代意义了。

辛笛之所以选择去英国留学，一来因为他大学的专业就是英国文学，当然英国是首选；二来不去说英语的美国，是因为觉得美国的历史太短，英文也不纯正，所以

1936 年辛笛赴英留学时的护照

继续研读英国文学还是去英国留学为宜。之所以不去英格兰的剑桥牛津等大学，而选择苏格兰爱丁堡大学就读，是听从了曾毕业于该校的朱光潜先生的建议——不在伦敦大都市，可以少些人来客往的应酬，专心读书；学费和生活费也比贵族化的剑桥、牛津更便宜。同时他也了解到相识的清华高班校友、天津周氏家族的后人、年长于他的周煦良也是留学于此校。

当时出国要到上海坐海船，因此辛笛先回了天津，与母亲、大哥、四弟告别。大哥馨逸在父亲慕庄病逝后主持家事仍然注重投资。那时周学熙的次子周志俊也已继承其父业，继续办工业，以后还逐渐设立天津久安银行、上海久安银行、上海信和纱厂、上海信义机器厂、上海信孚印染厂，还有后来的上海茂华商业银行、久安房地产公司等。馨逸管家期间，所投资的股票又大都是周志俊所办的工厂、银行等，如天津久安银行；南京江南水泥公司，系由天津启新洋灰公司分设出来的；中兴轮船公司系中兴煤矿附属事业等等。1931 年他就将其父建楼向银行贷款的债务还清了。在此之后他也为两个弟弟准备好了出国留学的费用，由他们自行选择留学欧美还是日本。母亲尽管因长子早年留学养成洋毛病，对留洋

颇有微词,但毕竟机会难得,为老二的前途计,也只有暂时割舍母子之情,没想到此番儿子去国,母子竟是永诀。

异域学习难忘故国

辛笛在爱丁堡大学进修英国文学,只选自己喜欢的课程旁听,到图书馆大量看书,并不为读学位而忙碌。1937 年适逢《荒原》的作者、英国诗人艾略特到爱丁堡大学接受荣誉博士学位,并开设《莎士比亚》专题讲座,辛笛得以有机会亲炙这位大学时代就仰慕的诗人风采,对他的作品和文学批评加深了理解;尤其赞赏他所讲的:一个诗人过了二十五岁仍然不懂得尊重传统、继承传统,以至发展传统,是大可不必再把诗写下去了。课余辛笛也与当时英国年轻的诗人史本德、路易士、缪尔等时相过从,他们思想比较左倾,喜欢参加有工人听众的诗歌朗诵会,于是辛笛跟着他们有时到灯光昏暗的厅堂,有时在烟雾腾腾的酒馆,听他们激昂地朗诵自己的诗歌。当然,他们的诗作不能与艾略特相比,他们是艾略特的追随者,但他们更接近时代,着重歌颂"社会的人"。

辛笛还趁着假期两次去巴黎盛澄华那里,身临其境地领略法国的现代文学、音乐、绘画和雕塑等各类艺术,对法国文化留有深刻的印象,甚至想有机会再去法国读书进修。在异国期间,多种文化艺术的相通碰撞给辛笛的启迪良多,这是他创作思维最为活跃的阶段,他又写下不少诗歌杰作,以"异域篇"命名,后收入《手掌集》。

辛笛在读书创作之余,仍然惦念着故国的安危,甚至彻夜不眠,《客心》一诗有最真情地表达:

"远了，远了。"
时时以沉默屠杀自己的情感，
但故国的一切对我太熟悉了，
我从记忆里嗅出了它的味。

"外面仍是无边的风。
月光在门口。
贴墙的影子是飘然的。
火车声，更声，我又回来了。"

天色明丽，
不能想这是在一个多雾的岛上，
这远来的契丹人
又神往于自己的国土。
在同一的蓝天下
我的大城是怎样了？

一九三七、四、二十八，破晓前

这首诗寄回了国内，刊登在天津《大公报》文艺副刊上，但未收入《手掌集》。

而故国先后传来的两个消息更让海外学子揪心，一是鲁迅先生的逝世，再也读不到那样犀利深刻的文字了！一是"七七"事变，祖国在危亡中。海外留学生心系祖国，纷纷从事抗日宣传、演讲和募捐活动。辛笛也参与其中，在爱丁堡中国留学生会义务帮忙，与同学戴镏龄等轮流担任过秘书长、会长。

后来，老家也传来了消息：1941 年 12 月日本人进入英租界，辛笛从中学时代积累的藏书也毁于一旦，让他心疼不已。大哥馨逸改干银行，后担任久安银行副经理。

回天津奔母丧

1939 年秋，第二次世界大战的硝烟即将燃起，英国广播每日都可听到希特勒狂妄叫嚣的新闻。恰在此时辛笛接到天津老家的噩耗——母亲去世，孝子也要回国奔母丧，于是他和留学时的同学戴镏龄坐船离开了欧洲，途经新加坡，曾去拜访郁达夫先生。郁先生当时在《星岛日报》担任编辑，热情地邀两位留学归来的年轻同胞在南天酒家小酌，印象中郁先生善饮，爽朗好客，还赠送一帧小影。辛笛早年就读过他的作品，内中流露的真性情和氛围气，对中学生的辛笛是有魅力的，所以对他心仪已久。9 月 1 日希特勒突然袭击波兰，波兰大片土地沦陷，英、法对德宣战，二次大战全面爆发。

辛笛回国后奔天津去为母亲马淑达最后送行。母亲是贤妻良母，一生操持家务，勤俭过日子。她生育过十二个子女，存活六人，但最后成人的只有三兄弟。因与大儿媳有些矛盾，所以对辛笛的终身大事也格外关心。她生前听说儿子已有女友，两

馨逸(右一)一家与辛笛(左二)、辛谷(左一)在母亲墓前

人正通信往来。辛笛的女友徐文绮是南开大学毕业的,曾留学日本,正在上海工作。她就专门托人找南开校友打听徐文绮的情况,得知文绮在南开很活跃开朗,颇为她的"老二"担心。她没想到的是,性格不同的他俩结婚以后的岁月琴瑟相和,相伴到老。

在天津兄弟仨办完母亲的丧事之后,又将面临分别。大哥和四弟留在天津。而辛笛则决定到上海和心上人团聚,并在上海找工作和定居。在离津前,他与

1939年辛笛(后右)离开天津前与大哥馨逸(中)、大嫂及侄子(前坐者)、四弟辛谷(后左)合影

大哥馨逸、大嫂同瑾及子侄王湛和四弟辛谷一起去照相馆合影留念。辛笛到上海后,经昔日师长、暨南大学文学院院长郑振铎和父亲的老友、光华大学校长张寿镛两先生分别介绍,入这两所大学任教,开设《莎士比亚》《英美诗歌》等课程。同时在沪结婚生子,从此定居上海。

第五章　辛笛与文绮的天津缘

南开预科女生

前述教过辛笛的张弓老师从南开中学调到南开大学预科任教，也教国文课。他班上有位女生，名叫徐文绮，活泼调皮，极有模仿力。他给她们讲解《诗经》，用苏北口音诵唱："关关雎鸠，在河之洲。窈窕淑女，君子好逑。"朗读的调子抑扬顿挫，讲课十分投入。文绮一下子就学会了，课后模仿给同学们听，大家都笑着说："极像，极像！"

张弓常去学校附近的一家小饭馆吃饭。他每次总是点同样的饭菜，一盘炒面七分钱，再加半盘，共一角钱；另要一碗木樨汤，也就是鸡蛋汤，二分钱。花一角二分就解决一顿午餐或晚餐。文绮她们女生有时也会结伴去那里打牙祭，改善一下伙食，也就总遇到张弓。一次，她们刚刚坐定，就见张弓先生跨进门来，文绮立刻学着他读《诗经》的调子唱道："炒面加面木樨汤……"女同学们都咯咯笑起来，张弓一点不恼，微笑着用手指点着文绮说："徐文绮，你最顽皮！"也许他没有想到，这位最顽皮的女生与他心目中老实巴交的得意门生王辛笛日后会结成连理，而他无意中也成为他俩的间接牵线人。

那时的物价是一元钱可以买一百只鸡蛋，小饭馆里一只大虾一角钱。当时女生能读大学，家境都不错，她们比自己的老师阔气多了,有时吃一只大虾不过瘾,再加一只!

文绮之所以能考入南开预科,还是有一番自己的选择。

徐文绮的家世

1913 年 10 月 27 日徐文绮生于北平,原籍浙江吴兴(今湖州)。她常说自己是南人北长,讲的一口"京片子"。她出生在一个大家庭。徐家往前追溯,上三代都是男丁,到她这一代,大家庭中已有两个男孩。因此她出生之时,全家得知"是个女孩",都欣喜不已。徐家伯仲叔三房均十分宠爱她。

徐氏兄弟的母亲闵氏出生湖州名门,知书达理,世代以刊刻古籍为业,闵刻本曾风靡一时。她教子有方,尽管丈夫早逝,家境贫寒,但三兄弟手足之情深厚,其乐融融。

文绮的生父是徐鹿君(名鸿宾),排行老三,此时已有一子。鹿君民国初年曾任天津工业学校的教师,北洋政府时代转入政界,在财政部任过职,又去温州瓯海关任监督,后入中南银行担任主任秘书及储蓄部经理等职,经济状况最好。鹿君的大哥徐守之(名鸿猷)因他们的父亲病逝,他便早早地担负起养家的责任,供两个弟弟读书直至工作,即使妻子去世后也终未再娶。两个弟弟长成后,侍奉长兄如父。

鹿君的二哥徐森玉(名鸿宝,1881—1971)早年曾入江西庐山白鹿洞书院,受教于于式枚先生。1902 年考入山西大学堂攻读化学,著有《无机化学》(与人合作)和《定性分析》二书。在校期间,他匀出一部分奖学金供弟弟鹿君读书。他曾跟该校的监督宝熙学习研治金石、版本、目录之学,打下鉴定文物古籍的坚实基础。毕业后任奉天(今沈阳)测图局局长、奉天高等工业学校监督、江苏工业学校监督(校长)等职。辛亥革命后,先后在教育部、北京大学图书馆、北京图书馆、故宫博物院古物馆等处任职。早在1912年蔡元培出任教育总长时,招森玉在教育部统计科任科长兼秘书,鲁迅则在社会教育司第一科任科长。他俩后来均为佥事。森玉曾写有《与鲁迅在教育部同事》①一文,回忆他俩的交往。北京琉璃厂是鲁迅常去的地方,有时他看到较难得的书籍,会邀森玉一起去,也时常送一些拓片给他。森玉发现鲁迅购书费用很大,目的不在于珍藏,而是真正的读书;对于买不起的书籍和难得的本子,鲁迅往往整部整部地亲手抄录下来。这些给森玉留下鲁迅"好读书,善读书"的印象。

幸运的徐家女孩

森玉尽管已有长子文坰(字伯郊),但尤其喜欢文绮,把她视为掌上明珠,在她2岁之时,向三弟鹿君提出过继给自己为"螟蛉女"。于是文绮称他"爹",而称亲生父母为"三叔"

文绮与父亲徐森玉、大伯徐守之、三叔徐鹿君、长兄徐伯郊合影

①见《上海文学》1961年第10期。

"三婶"。以前只有为了传宗接代,过继亲戚或别家的男孩,女孩子则很少有这样的情况,森玉与其他家长就是不同。其时,森玉已兼任北京大学图书馆馆长。他们兄弟的思想比一般家长要开明得多,所以文绮幸运得很,在一个重男轻女的国度,她却生活在一个"重女轻男"的家庭,并没有因为是女孩子而受到歧视,相反得到更多的是三房合一女的关爱。

她成长在这么一个和睦温暖的大家庭里,父辈兄弟之间互相关心、互相扶持,对下一辈开明、不强求,这样的环境养成她的性格爽朗活泼,甚至有些任性。生母要给她规范天足,穿紧袜子,她大哭大叫,向爹森玉告状,森玉知道后立刻制止,并且埋怨弟媳:"你真糊涂,女孩子将来和男孩子一样要出去做事,把脚伤了,怎么行!"从此文绮没有再受皮肉之苦。

文绮成了森玉的"小尾巴",跟着父亲到处访友。她还记得父亲与陈师曾(衡恪)、陈寅恪兄弟都相识,但与师曾交往更多些。森玉告诉文绮,师曾家学渊源,考古学问好,尤善篆刻。一次师曾生病,森玉带着文绮去探望,只见他的床上挂着夏布蚊帐,生活颇为简朴。果然师曾一见文绮,立刻以自刻的一个铜墨盒和两把铜尺相赠。文绮很喜欢这个正方形的铜墨盒,铮亮的面上刻着婀娜多姿的兰花草。回家后森玉教文绮扯一片丝绵放入其中,再倒上墨汁,浸透后就可以蘸笔写大小楷了。这只文绮心爱的铜墨盒一直保存到"文革"之前,她在指导子女写大楷时,仍会撕一片丝绵放入墨盒,倒入墨汁,让子女在暑假里坚持练字,直到"文革"抄家后再也不见此物了。森玉写得一笔欧阳询体的好字,还能写魏碑体和篆字。文绮与兄长伯郊自小也学练欧体,均写得一笔漂亮的欧体字。

父爱浓浓

森玉看重女孩的教育。他大哥守之喜欢教侄女文绮读词,文绮也喜读古典诗词。但森玉颇不赞成,认为以前女子读词写词是因为生活环境比较狭窄而迫不得已,只能以读词排遣情感;现代女子要投入社会生活,应该开朗乐观,不要因为读词把性情变得忧郁了。森玉安排她按部就班地接受正规教育。她考入当时北平最好的小学——北京女子师范大学附属小学。上学后文绮用功学习,成绩比两个哥哥都好。

森玉在北洋政府教育部任职期间,因当局经常欠薪,入不敷出,他只好订出润例,为人写扇面对联,或撰写寿屏、墓志铭等,以卖字贴补家用。森玉写对联时,总找文绮帮忙磨墨拉轴。一次,森玉写了一副对联,还要再写一副。年幼的文绮不耐烦了,手拉着轴动来动去,弄得森玉无法写下去,就说了一句:"你不愿意拉,就不要拉了。"没想到,话音刚落,文绮就松手,对联纸立刻卷了起来,字迹模糊,墨迹斑斑。森玉一见,二话没说——既没打她,也没责骂——一踩脚就出门,又买了一副对联轴纸回来。他没再招呼文绮帮忙,而是自己用镇尺压住对联纸,一路写下去。文绮站在房门口,看着父亲不理她,想着自己做错的事,心里有些难过。

由于文绮的字写得好,在她四年级的时候学校举办学生成绩展览会,老师要她交一副对联。森玉得知后,根据欧体字帖上的字,帮她选好了对联的句子,耐心地为她磨墨拉轴,指导她如何运笔,使她顺利地完成了任务。而她从中更体会到浓浓的父爱,对父亲的关爱更深地铭刻在心。

接受正规教育

因为家庭长辈开明,能接受新事物,所以文绮从小就接受了新式小学、中学教育。在 13 岁的辛笛结束私塾读书之年,12 岁的文绮已早一年从正规小学毕业,入正规中学学习。

文绮书读得好,作为优等生,跳了一级,提前从小学毕业,考入北平颇负盛名的北京女子师范大学附属中学。当时许多学校的学生为了能进这所中学,宁肯留一二级来投考。而文绮居然跳了一级仍考取了,不免有些骄傲,在初中学习就不如小学那般努力了。加之跳了一级,数学脱了一节,成绩不佳。森玉见之,每次考前都为女儿补习数学。他大学读的是化学,数学很有根底。他经常对文绮说,女孩子将来也和男孩子一样可以出来做事,最要紧的是好好读书。

正规的新式学校开阔了文绮的视野。课余看中外小说和电影成了她着迷的两件事。当时的初中女学生若生长在一个不愁吃穿的家庭,一般关心的往往是自己周围的琐事,爱看电影和小说是她们共同的爱好,这也是她们了解中国和世界文学文化的途径之一。

文绮初中毕业时因贪看小说电影,学习成绩不算优秀,她未能免试直升高中。不服输的精神使她又发奋起来,最终仍考入女附中高中就读。如是她在高中阶段有了转变,又认真学习了,就是她不喜欢的代数也努力钻研。她当时就暗下决心,好好读书,将来能出国留学。在课余所作的诗中表达了她的志向:"他年若随乘风愿,万里扁舟作壮游。"

由于喜欢文艺,她在高中入了文科班。从小读旧诗词的爱好此时又浓烈起来,也学着写了一些。有时还写一些短小的散文之类的文字寄到《北平晚报》和《世界日报》,其中有一部分刊登出来,更加激励她一心一意想做文学家。

自作主张考南开

文绮在读高二期间,学校为了改隶属问题发生了风潮。女附中原属女子师范大学,但是由于北平曾将各大学改为学院同属于北平大学(沈尹默任校长),于是女附中也就成为北平大学附属女子中学。后来女子师范大学又从北平大学划分出来,仍要女附中改隶于它。但是女附中的师生因为女师大一向成绩不好,所以拒绝改隶,因而引起风潮。虽然女附中的全校师生都反对改隶,但是当时教育部站在大学的一边。到1930年夏学潮还未结束,但看情势已是女师大占上风了。

文绮那时一心只想做文学家,因此甚为重视学业,但是过去的半年学潮对于学生的学习已有很大的影响。暑假后就要升到高中三年级,如果改隶问题仍然不能解决,势必影响第二年投考大学。文绮个人也是不愿意改隶女师大的。于是想到转学,就开始注意招收预科插班生的大学(当时一般较好的中学都不招收高中三年级的插班生)。天津《大公报》(1930年6月8日)上刊有南开大学预科招生广告:

1930年6月8日天津《大公报》刊登南开大学招收二年级预科生消息

天津私立南开大学招生：（一）招考文理商三学院一年级生及预科二年级生插班生。（二）理学院增设电机工程学系及医预科自本年起招考一年级生。（三）考期七月十七日至十九日。（四）考试地点天津在本校中学部，北平在琉璃厂附属中学，上海在徐家汇交通大学。（五）招生简章函索即寄。

正是在民主宽松的家庭教育和新式学校的现代教育下，她悄悄地自主作出了选择——报考天津南开大学文学院预科。她事先并未征得家人的同意，是瞒着去参加考试的。她想采用"先斩后奏"的办法，等考取了再说，若考不取也就不提了。因为她没有把握家里是否会放心同意她去天津读书；当然，也怕考不上挺没脸面的。

1930年8月12日天津《大公报》在"本市新闻"版面上有一则消息："南大新生（昨日揭晓 报名三百余人中录取者六十三人）：本市南开大学曾于上月中旬在平津沪招考文理商三学院之本科及预科二年级新生，报名投考三百余名，昨日各科试卷已

1930年8月12日天津《大公报》载南开大学录取新生名单有徐文绮

阅毕,录取者六十三名,兹录其新生姓名如下……"大伯守之也像往常一样,边吃早饭,边翻看当天的天津《大公报》。突然他高声说道:"文绮啊,这里有个和你同姓同名的人考上南开了呢!"文绮高兴得叫了起来:"真的吗?"她冲到大伯跟前,一看报上录取名单的"预科二年级甲组20名"中果然有"徐文绮"三字,兴奋地对大伯说:"这个人就是我呀!"同时还刊有"乙组八名","又该校定于九月九日开学云"。守之既高兴又担心,女孩子离家单身在外读书,究竟让人不放心。而森玉得知后一点未怪女儿事前没告诉他,反而很赞许女儿的选择:有志进取,能考上南开,不容易!他还帮文绮劝说家中其他长辈放心,安慰他们可以托在天津的友人帮忙照应文绮的。当年与文绮一同去投考的有七八人,结果只有她和另外一位女生被录取。

居住芝琴楼

1930年9月,考入南开大学插班读预科二年级的文绮离开家人,在天津开始独立生活。南开的功课紧,校规严,文绮读书努力。张弓老师就是在此期间教文绮她们国文课。南开离城较远,学生都住宿在校内。文绮她们女生住在芝琴楼,周围的环境、宿舍的条件都很好。每间寝室住三四人。文绮的同住者是胡珉,她和文绮初中时就是同学,到南开又成为大学同学。另两位是卢毅仁和李韫子。在家是大小姐的文绮到了学校连洗被缝被都不会,年长的同学耐心地一一教她,使她逐渐适应了学校生活。周六或周日她才进城看一次电影。

文绮的年纪比其他同学略小,性格活泼开朗,又有大家闺秀的气度,与人相处融洽。大家都很喜欢她。她有时还顽皮,课余喜欢模仿老师讲课的语调和神态,惟妙惟肖,引得同学忍俊不禁。活泼好动也让文绮小吃苦头。校医务室的杨医生直到 50 年后见到文绮,还记得这位小个子的女生,书读得不错,人也好动得很,不要说喜欢参加各类体育活动,就是坐在椅子上也不安分,结果木刺扎入大腿,到医务室后杨校医作了消毒处理,用手术刀钳才把一根粗木刺给拔了出来,所以她记忆尤深。

1931 年 9 月,文绮从预科顺利升入南开大学西洋文学系,她与辛笛的中学好友章功叙成了大学同学。

文绮在南开大学

1931 年九一八事变爆发后,文绮也曾和同学一起参加过学生南下请愿活动,要求政府抗日。她感到国事日非,对于政府的腐败也深深痛恨,但认为搞政治不是自己干得了的,还是"时还读我书"吧,很希望将来有机会能赴美留学,所以读书很用功。

九一八事变之后的华北,已是处于风雨飘摇之中。文绮在预科时历史就学得很好,对历史很有兴趣,同时希望在历史中寻出中国之所以会一弱至此的原因,因而又以历史作为副修。在南开当时的文科里面西洋文学和历史是功课很吃重的两系,而文绮却读两系的主修课程,所以非常忙碌。她还喜爱运动,课余有时间就打篮球、排球和垒球,放松放松。她是排球和垒球的校队队员。排球校队的女生还有她大学同系同学黄燕生、萧淑庄、萧纯真,经济系的张楠等。她曾保存有南开排球校队女生的集体照,一溜排开的女运动员身着白色短袖球衣,上面印有"南开"字样,充满青春美丽和朝气,让人过目不忘。可惜在"文革"中照片被全部烧毁或抄家没收,没有留下一点痕迹。南开大学的体育运动在当时的高校是强项,但学校对参加校队的学生要求比一般学校严格,如有一门课不及格,就取消校队队员的资格。

南开的话剧在高等学校也非常有名,西洋文学系为锻炼学生的口语,也排演英文戏,文绮参与了《西方健儿》的戏剧演出。她还参演其他一些话剧,因为个子不高,往往演小孩,颇适合她活泼的性格。

文绮当时认为女子最可羡慕的职业是医生和教授,只有这两种职业是完全依靠自己的能力来做的,所以都很清高。最看不上的是做秘书之类的工作,因为当时一般人都把这一职业的女性称作是"花瓶"。在课余她和同学有时到教授家去玩,看到孩子多的人家大哭小叫的,吵闹得很。惟有司徒月兰教授一辈子未嫁,她的家最安静舒适。文绮觉得这样的生活最为理想。有位教授太太劝文绮和一位男同学交朋友,文绮答道:"男人找个贤内助,就可以安心致力于学问,再无内顾之忧;而女子到哪里去找个贤外助呢?"文绮觉得要做教授的话,一定要留学才行。为了专心读书,实现理想,她甚至想模仿司徒教授,做一个独身主义者。

文绮在南开大学期间授课的老师有教英文的系主任柳无忌先生,对她甚为鼓励,她课余翻译了朴瑞茨雷的一篇散文,被柳先生推荐到一家报社发表。散文的题目和发表在何处她已不记得,但老师的提携却铭记在心。教英国小说的是黄佐临先生,他刚从英国伯明翰大学毕业回国,讲课幽默,表达简洁;在文绮她们毕业后他又去英国剑桥皇家学院攻读戏剧研究,获硕士学位。还有罗隆基开设的政治学是选修课程,选的学生不算多,十几人,他讲课的思路很清晰。只是没想到二十多年后,他会成为全国闻名的"大右派"。

初做月下老

　　文绮自己还没谈过恋爱,且还抱有独身主义的想法,却因偶然的机会,做了一次月下老。大约在 1932 年暑期,家在北平的南开校友组织了一支男女混合的排球队,喜爱体育的文绮当然参加了。其中有一位男校友王光琦,他也读过南开预科,但班次比文绮高,没同过学,文绮入校时他已毕业考入清华大学经济系。在北平假期混合排球队,他俩相识了。当时王光琦很想追求文绮初中和大学好友、家也在北平的胡珉,就请文绮做介绍人。因此文绮第一次做了月下老,成功地为俩人牵线搭桥。只是又没有想到做月老的结果是,三十多年后的“文化大革命”中,因为王光琦是王光美同父异母的哥哥,文绮和辛笛因为与胡珉和王光琦相熟而受到株连。在多次抄家中最“正式”的一次,就是公安部派人持有搜查证来沪抄家。公安部的人还到文绮教书的俄语广播学校去调查了解,要她交代情况。其实文绮和辛笛私下里从未接触过刘少奇和王光美,他们和光琦胡珉之间纯粹是同学友情,且在交往中也从不谈相关的话题。

　　20 世纪 80 年代,胡珉到上海住在辛笛文绮家,谈起她在“文革”中也受株连被捕,关在监狱中。女监管发给她两床毯子,她还想要个枕头,结果受到喝斥:“你以为到这里来住高级饭店了!看你年纪大了,给你两床毯子就算照顾你了,别摆资产阶级臭架子!你弄清楚,你来这里是坐牢的!”当然,天无绝人之路,办法总是有的。枕头是不能没有的,胡珉把一条毯子叠起来做枕头,另一条一半垫身下,一半盖身上,睡得很安稳。因为她在 1949 年以后一直在家相夫教子,查问不出什么问题,几个月后就把她给放了。她出来看到蓝天白云,空气清新,摸一下口袋,嘿,居然还有八分钱! 出狱后的第一件事做什么? 就是买俩冰棍尝尝。一路吃着冰混,她怡然自得地回到已是空荡荡的家。她咯咯笑着述说着,好像在讲别人的故事。听者则感到鼻子酸酸的,并思考:这乐天开朗的性格、荣辱不惊的处世态度,是老南开精神的熏陶么?

报载南开大学总况

1933年11月19日天津《大公报·妇女与家庭》栏目,记者荷写有一篇文字《南大女生生活》,副题为"芝琴楼中的一瞥",从女子接受大学教育占全国人数最小比例谈起,对女大学生们寄予希望:"人们憧憬着她们无限光明的前途,她们将要担负起来的社会使命,她们雅素的生活,与丰富的知识,不禁要赞叹一句:这是我们需要的'时代女性'呢。"进而以相当的篇幅介绍了城南八里台南开大学的宿舍、教室、图书馆、科学馆等,这些文字留下了当年南开大学难得的景色和办学情况:

> 城南八里台,原为津市的名胜之一,水源环接,居民寥落,夏日以荷花称盛,因有"八里荷花"的美名。南开大学便在这个环境中间,利用了四百余亩的荒园,起建校舍,因了僻处郊外,风景幽穆,空气清新的缘故,近年来便为一班青年专心攻读最适宜的学府。校内利引水势,池塘甚多,芦荷丛生,校园的修葺,亦颇有可观。如南北二莲池——以荷花著名,赏莲亭,西极亭,桃林,枣林,北极亭,百穫林,等均足为游目骋怀的佳境。丽生园内的金鱼,尤

为一时的名贵。

校舍迄在不断的扩充中,已经完成的,为秀山堂(教室、大礼堂、办公室),木斋图书馆,思源堂(科学馆),柏树村(教职员住宅),白取乐楼(助教宿舍;Bachelor,无家眷的意思),男生第一第二宿舍,芝琴楼(女生宿舍)等,均系由私人捐资构筑之西式楼舍,伟丽壮观,切于实用。

图书仪器的设备,均极丰富,图书馆中有中西册籍三万余种,约计十二万余册,中西杂志报章数百种。仪器大部分置思源堂科学馆内,举凡物理,化学,生物,算学四科中的测量试验仪器,多已具备。更有电工实习工厂两座,为该校增设电工系以后的新建筑。

体育的设备,则有男生宿舍前的田径运动场,足球,篮球,排球等场,女生宿舍前的篮球排球场,网球场;教职员宿舍柏树村内,另有网球场,儿童游戏场。校南不远即为青龙潭(津市著名的游泳所在),可乘船直达,学生恒于盛暑扁舟前往游泳;但闻校内的游泳池,亦正在设计兴筑中。北莲池冬日即为天然溜冰场。卫生方面,有每年一次的检验身体,及经常聘任的校医。

学校采院系制,现有文,理,经济,商四学院,共十八学系,课程理论实习并重,考试严格,学分制与学年制并行之外,且有名誉学分(Honour Point),如所习学分足额考试成绩过低,名誉学分不及格者,亦不得毕业,更有种种退学的规定,故考进南大以后,若不能晨兴夜寐,执卷苦读者,必受淘汰,绝不如其他少数官办大学,可以侥幸混得一张文凭,便作为解决生活的文契。

并有奖学金的名额,专为一般家境贫寒,有志深造的青年所设。

女生在校所受待遇,除了操场宿舍等的分别,一概与男生相同。现在全校共有学生约四百五十余人,女生六十二人。与男生的总数,约为一与六之比。女生进文学院的二十人,理学院的十六人,经济学院的十三人,商学院的十三人;中有东北寄读生四人。大部分为寄宿生,仅有四人走读,原因或为教授的女儿及侄女,其中一人,是因已结婚;据悉结过婚的女生是不得住于宿舍内的。这使人怀疑住在学校内的几百个男生,是否都没有结过婚呢?

这六十二个女生中,二年级的占最多数,约二十一名,一三年级各十七八人,四年级最少,仅六人,多为南开女中的毕业生,其次为北平女附中的学生,其他各中学的毕业生则居少数。大部分为河北省——天津——人,年龄由十八岁至二十五岁。每星期的课程,因所习科目有多少的不同,约由十八至二十小时,理科每星期作实验四五次,每次约需三小时。文科如心理学实验及读书报告等,每星期亦甚忙碌,但星期六下午无课。平时下课以后,多于图书馆自修,因那里参考书丰富,静肃,宜于读书的原故。

女生宿舍为陈芝琴君捐资建筑,故名芝琴楼,楼址旁栢树村,位于该校大中路(通该校大门之干路)之南,中有宿舍十九间,每间住四五人,并有饭厅、浴室、阅报室、会客厅等的设备。记者曾去参观她们的宿舍,一间长方的屋子里,对面铺了四架床,桌子上堆着练习簿书籍;旁边有

一个梨,或者两个柿子,每张床的墙壁上,都悬有几张风
景或人物的像片,从一间屋子的表面上,可以看出她们是
用功的,是活泼的,同时他们也具有一班女学生的——也
可以说是学生的——共同点,喜欢吃零食,爱美——喜欢
鉴赏艺术化的像片等等。

　　穿的衣服都很朴素,大都是在棉袍上罩一件蓝布大
褂,有的喜欢穿高跟鞋,但也不普遍,头发多剪得不长,但
也不甚短,有的用火剪烫成几道弯儿,总之,她们是在保
持了一种朴质的女学生的气概,从她们身上,是不容易找
出像北平几个大学的摩登密斯如交际家一样的装束;虽
然也有一两个阔绰小姐,烫了长的头发,穿着时髦的西
服,但那恐怕是绝无仅有的了。

这篇"未完"之文,让读者对当年南开大学的总况可以有所了
解。荷记者一定也是一位女性,专门为"妇女与家庭"专栏撰稿,所

以对南开大学的
女生们特别关注。
题目中提到的芝
琴楼正是文绮所
住的女生宿舍。荷
记者还拍有三张
照片,题为《校内
生活一斑》,一张
是芝琴楼侧面,还
有两张拍的是南

1933 年 11 月 19 日天津《大公报》载
《南大女生生活》一文

大女生,其中左上方是文绮和她的两位同学在"丽生园门前"的合影,自右至左为:王纯修、徐文绮、卢毅仁。照片不太清楚,文绮居中,侧脸站立着。

南开女生生活

荷记者对于《南大女生生活》在 11 月 26 日更有集中的长篇报道,导语概括为"活泼健康,富自治劳作的精神;功课繁忙,无业余研究的机会",从记者与女生的交谈中更见文绮与其他女生当年在南开的生活:

坐在阅报室里,几位女同学用闲谈的方式,告诉给记者关于她们的学校生活的大概情形:

每早六点敲过起床,整理寝室,吃过早点以后,预备上课,时间因选课的关系,有七点与八点的不同,十二点前后下课。午后二时上课,作实验、测量等,或往图书馆自习,晚饭后略事休息,若往图书馆,须十时以前回宿舍,准备就寝——宿舍十点半息灯,但阅报室除外,为特别勤奋的学生及劣等生预备赶夜课用的;同学们给它起了一个名字,叫夜车室(Night Train Room),但这间屋子并不甚大,实际也没有几个学生晚上在那里用功。

为近年女学生普遍的嗜好——也可说是一种技能——便是将毛线织成各种什物,这个同样也是南大女生冬季的一种消遣,她们将各色美丽的毛线买来,在晚间围炉闲坐的时候,随手配织成各式合意的衣帽,既经济,又美观适体。她们还给男生织运动帽,每逢有什么球类比赛,各学院便分别请本院的女同学担任织帽子,颜色毛线均由女生商议购买,织成以后,由男生请客道谢,该校男女生接触机会较少,此为课余一种有趣味的联欢。

伙食在厨房包伙,每月六元余,每日二餐(星期六下午与星期日上午无饭),若包全份,每月七元。学生自办的消费合作社,售卖各种糖果点心水果之类,另有小饭铺售卖零食,为学生课余宴请同学的地方。

课外的活动,有女生自己组织的排球,篮球,网球队等,规定一定的练习时间,每学期并有班际比赛,院际比赛,新旧同学比赛等;冬季溜冰为女生最喜欢的一种运动。游泳则因为环境的关系,只有少数女生练习。加上每星期必修的体育课程二小时,既有了充分的运动机会,这些女生的体格都是非常健康的,绯红的面颊,愉悦的精神,便是她们的特征。

傍晚无课的时候,或偕三五同学,在园中散步,枝头鸟语,湖边落日,夕阳的景色,处处都可以使那用功过度的头脑,消蚀了疲乏。

生活侧重自治的精神,除参加全体学生自治会,各学院的学会,女生另有自治会的组织,分学术,运动,游艺,卫生等股,掌管宿舍内的一切设施及团体的课外活动。并有操作的良好习惯。女校役每日仅作泡水扫地的事情,洗衣整理寝室及其它零事,均系自动(宿舍内有自来水洗衣斗,熨衣台及电气熨斗的设置)。

星期六下午无课,多于是日赴市购物,或看电影。如回家或住朋友家,须在一本簿子上写明进出学校的时间,及校外住处,此亦由女生自动执行。

在南大读书,每学年固定应缴的学宿各项费用为一百零七元,购书伙食及零用等,每年亦须百余元,如添置衣服在内,每年每人即须四百元左右,此指最俭朴的生活而言。

南大自成立日起,即招收女生,现在男女生的交际,虽很自然,但为"男女有别"的社会意识所支配,该校男女间,一如其他男女同学的学校,仍有着很深的隔阂;一般的意义上,还保存着异性间的友谊是带有几分恋爱的意味的。故在几百男生与几十女生之间,除了必要的事务上的交谈而外,若论到友谊的关系,在同学们的口气说来,是"有十几对的"。这种关系,只限于一男一女之间,通常友谊的关系,既不容易找到,于是就有了男生的怨望,女生矜持的现象。如有少数学生的态度比较自然些,便会引起各种新奇的谣言,即学校当局也会因此认为这种学生的操行,是不良的了。

南大男女学生的交际,既不能逃出一般范围,但所谓十几对的朋友,他们晤面谈话的机会,却也很多,最幸福的,要算在图书馆里,坐在一张桌旁共同读书致疑,图书馆中不准大声说话,但隽永的情趣,在"幽默"中最为深长;傍晚则并肩清流或仄径之间,伴着水声月影讨论学问,叙些家常;天热时,亭子里可以乘凉谈心,冬季则相偕翩翩于溜冰场上,实天上人间也。

后来记者又与几位女同学谈到她们现在的兴趣以及

将来的志愿,据说因为学校功课的繁忙,每天必须除看参考书及预备功课以外,便已无多大的时间;依兴趣来研究一点课外的学问,是不可能的事。平时只有看报读些杂志而已。毕业以后,或按自己所学的更求深造,但大多数还是希望作事,为社会服务,藉谋独立生活。

以上是一天的访问记实:总观这一学校的女生,由于环境的优越,学校管理的认真,将来在学问上,必有成功的造就。如健康活泼,俭朴成风,劳作的习惯,都是良好的美德。但是对现在中国这个支离破碎的社会,或少了一点认识的机会,这也许会成为她们将来在事业上的阻碍吧?!

在该第十一版上同样刊登了三张照片,其中两张有文绮在内,一张在图书馆门前,自右至左,上为胡珉、李韫子,下为徐文绮、王纯修。这张位于下方右边的文绮年轻时的模样比较清楚。另一张在天然溜冰场上,自右至左为:卢毅仁、鹿笃桐、徐文绮、王纯修、赵竹韵。

1933 年 11 月 26 日天津《大公报》载
《南大女生生活(续)》

五位女生在溜冰场拉着手一字排开,脸部看不清楚,文绮居中,个子矮些。看来当时文绮也是接受访谈的女生之一。而她身上正体现了南开的健康活泼的特点。她后来能给儿女织出漂亮的有花纹图案的彩色毛线衣,回忆过学溜冰时摔跤跌倒、喜爱打排球垒球等往事,与照片提到的胡珉、鹿笃桐、赵竹韵等女生保持了终身的同学情谊,看来都是与南开息息相关的。

辛笛与文绮初识

文绮对文学的热爱也为同学所知。同班同学章功叙就觉得她与自己中学好友辛笛在文学趣味上很接近,而其时他所爱慕的一位女同学恰好是文绮的同桌。于是他下课常坐到文绮她们的桌前聊聊天,以此接近自己心仪的女生。话题之一就是他的好友辛笛新诗写得如何之好,如何喜爱文学,最近又写了什么新作……他还把辛笛的诗作拿给文绮读,那时辛笛已写出《有客》《弦梦》《夜别》等,看得出来,文绮颇为欣赏。确实,因为文绮早在高中就喜读古典诗词,发现辛笛的新诗尽管用白话文来表达,却有旧诗的蕴味,甚是喜欢。

从南开女中升上来的女生,聊天也会提到张弓先生常把他在男中的得意门生辛笛的作文拿到班上朗读。女同学黄燕生一直记得张弓先生对辛笛的赞赏,晚年她翻译了英诗金库诗集,还坚持要辛笛帮忙审读一下才放心。

每逢放寒暑假,辛笛也从北平回到天津家里度假,照样会逛逛旧书店、书摊,到河东的旧俄公园柏树林里走走,呼吸新鲜空气,也会去河北北宁公园远足。尤其是到南开中学母校和八里台的大学部寻师访友,去南开木斋图书馆看看书,夏天在芦苇荡中划船话旧,冬天则沿着佟楼小河上坐冰排子。每次访友不可缺少的总有功叙,互相谈谈大学生活或相熟的友人情况,交流北平和天津的不同

1934 年辛笛假期回天津在南开大学木斋图书馆后

见闻等等。功叙也会提到他班上的一位女同学，叫徐文绮，长得美丽大方，读书用功，是大家闺秀，唯一的缺点就是脾气急些，他们男生淘气地给起了个绰号"煤油公主"——一点就着；而最重要的是："她颇欣赏你的诗歌呢！我可以给你介绍，不过就怕碰钉子。"但辛笛回答说："你别忙着给我介绍，你怕碰钉子，我更怕碰钉子。"

所以，尽管辛笛和文绮还没见过面，但在同学的交谈中对对方都产生好感，以后文绮也会注意辛笛在报刊上发表的诗文。

1934 年春天，适逢清华大学放春假，辛笛又回天津，到南开大学找功叙。他俩在南开校园里的林荫道上漫步，满眼桃红柳绿，甚是惬意，他们边走边聊。当走到学校图书馆附近，迎面碰见文绮捧着一摞书刚从木斋图书馆出来。功叙赶紧叫住了她，向她介绍："这就是我常与你提起的会写诗的好友王辛笛。"然后又向辛笛介绍了文绮。文绮很大方地向辛笛打了招呼，但辛笛却羞得满脸通红，不知所措。文绮觉得他是一个腼腆的中国式青年。而在辛笛的心目中文绮就是他晚年所写的爱情诗《蝴蝶、蜜蜂和常青树》里所吟咏的——"你是一只花间的蝴蝶，/ 翩翩飞舞来临。为了心和心永远贴近 / 我常想该有多好：/ 要能用胸针 / 在衣襟上轻轻固定。/ 祝愿从此长相守呵，/ 但又不敢往深处追寻，/ 生怕你一旦失去回翔的生

命"。他俩保留着这一面之交的美好
印象，还是忙于各自的学业，并没有
过多地来往。当时京津女大学生对
找男友有一顺口溜："北大老，师大
穷，燕京清华可通融。"但这对文绮
没有影响，她还是想出国深造，抱有
独身的想法。而辛笛"不敢往深处追
寻"，仍是怕被拒绝，而且他还在旁
观恋人之间恋情的变化，认为同学
之间谈恋爱不能耽误学习，选择女
友要谨慎，而且应该从一而终；看到

辛笛心目中的"蝴蝶"——文绮

好友先沉浸在热恋中，但恋人后来移情别恋，又陷入痛苦，他为之
颇打抱不平，更感到恋爱要慎重。

1934 年 7 月南开中学创办暑期学校，是给准备投考南开中学
高中及初中学生补习的学校，在大学选拔了一些成绩较好的同学
担任教师，文绮也是其中之一，主要教授英文和历史两门课程，她
很能胜任这一教学工作。暑假后南开大学要增添历史系助教，又选
中了文绮。于是她心无旁骛，一边用功读书，一边认真担任助教，直
至1935 年暑假毕业为止。

爱国的南开

自东北三省被日本侵略者强占后，在南开大学八里台不远处
也有日军的兵营，常来滋扰南开的学习环境。张伯苓校长曾多次与
日军交涉，却没有效果。学生们对侵略者痛恨之极。日本侵略者也

视南开大学为眼中钉,欲日后置于死地而后快。

1934 年 10 月,华北运动会第 18 届在天津河北省运动场举行。华北运动会是由南开大学校长张伯苓在 1913 年创建的区域性运动会,共 18 届历时 21 年。由华北(包括东北和山东)各地轮流举办。其中有四次在天津举办(在南开学校体育场举办的有三届:1915 年、1917 年和 1923 年)。该运动会对华北乃至全国的体育发展都甚有影响。1935 年因华北局势动荡而停办,由此画上了句号。这最后一届的华北运动会在天津举行时,文绮和同学们都去运动场上做"啦啦队",有好几百人参加。他们坐在正对主席台的看台上,手持写有大字的旗子,一面是白底黑字,一面是黑底白字。一位男同学严仁颖外号叫"海怪",是啦啦队的总指挥。他手一挥,大家把旗子上的黑字拼成"勿忘国耻!"同时喊声如雷,再一挥,又齐刷刷地把白字拼成"还我山河!"等等,如此大胆表现爱国情怀,全场为之震动,观众起立鼓掌。日本宪兵队十分恼怒,把张伯苓校长找去责问:既然开运动会,为什么还要谈政治?!老校长不卑不亢地回答道:并不是我们要谈政治,就像一个人身上有块疮疖,时时在作痛,你能够不闻不问吗?!日本人无话可说,结果不了了之。老校长把事情的经过公开告诉全校师生,更激起学生们的爱国热情。"海怪"严仁颖是南开学校的创始人严范孙之孙,在校十分活跃,颇有名气。他的好友张锡祜,绰号"陆怪",是老校长张伯苓最钟爱的四子,在校也很活跃。抗战爆发后,张锡祜毅然参加空军,不幸牺牲在抗日前线,令学生们钦佩。

南开大学对学生的教育是全方位的。不仅要求学生学好书本知识,而且要求学生了解社会、了解国情。和辛笛在南开中学时一样,每周张伯苓校长或亲自或请人来校做时事报告,各系也会安排学生到社会底层居住区或慈善机构去参观，这些教育同样使南开大学的学生终身不忘。

到四年级学校又安排学生到外省作社会考察，了解民情民风。荷记者采访后担心南开女生："对现在中国这个支离破碎的社会，或少了一点认识的机会，这也许会成为她们将来在事业上的阻碍吧?!"——这正是南开的全面教育力图避免的。当时傅作义将军是南开的童子军教练，他的军队驻扎在西北。学校提供考察的地方就有西北，还有杭州，让学生自主选择。文绮选择了去西北。这对从小生活比较优渥的她来说，确实是一次自我挑战。西北民风质朴淳厚，土地广袤而贫瘠，尤其水贵如油。她们几个女生在那里每天只有一盆泥浆水可以洗用。她们特别想念南开校园里的盈盈湖水和绿荫大道。文绮敢于尝试新事物，她学会了骑马，只是那匹瘦弱的老马居然还欺生，一炮蹶子，把她摔了下来，她爬起来又骑上去，终于驯服了这匹马。但是第二天她腰腿疼得连椅子都坐不住了。西北之行使她在一个从未有过的角度去考察了中国的现状，了解这片

1934 年文绮(前右三)读南开大学期间与老师、同学在西北考察

茫茫无际的黄土地需要教育和文化来改变。她想出国留学再回来做教授的愿望更强烈了。

无奈赴日留学

毕业前夕,学校历史系主任蔡维蕃欲留文绮做助教,但她一心想出国留学,打算学成回来后做教授;而若从助教升为教授,过程较长,进展缓慢。所以她没有接受这一教职。

1935年文绮毕业[①],她的生父鹿君正在温州瓯海关做监督,经济状况已经很好,应该说若供文绮毕业后去美国留学是不成问题的。但是他却从不对她提及留学一事,相反总是劝她及早交个合适的男朋友,以便终身有托。而文绮此刻不但不想交男朋友,甚至仍考虑坚持独身主义。她看出生父无意供她赴美读书,而自己已过继给森玉父亲,所以也不愿开口再向叔父提出要求。但以森玉的经济能力,只能供她去日本留学。她也就不得已而求其次,思忖出国留学回来,凭自己的本领找工作,自食其力,而不依靠任何人的想法更强烈了。森玉建议她作为女子,出国读书选专业还是学历史为好。

9月,森玉的长子、文绮的大哥伯郊也在北平辅仁大学毕业,文绮和他一同坐船去日本东京,同行者还有钱稻孙。临走时,功叙前来送行,再次建议文绮和还在国内北平教中学的辛笛来往。他很热心,觉得辛笛和文绮无论家庭还是本人都很般配合适。但文绮仍然准备留学时专心读书,且出国后两地相距太远,联系也不方便,因

[①]1935年南开大学第十三届毕业生名单列有章功叙、徐文绮、黄燕生等13人,详见《南开大学外语学科历届毕业生名录(1923—2009)》。

此态度淡然。伯郊和文绮兄妹俩到东京后先在东亚学校补习日文。语言过关后各自考入大学研究院学习。

1936年3月,伯郊考入东京庆应大学研究院,而文绮考入了京都帝国大学历史研究院。那时历史系的主任是羽田亨,后来成为京都帝国大学校长。当时森玉对

1936年文绮考入日本京都帝国大学研究院时在听课

考古学和古书版本都很有研究,在日本学界很有名气,受到尊崇。日本的学者中很多是他的朋友,如在东京的考古学家滨田、汉学家仓石、京都历史研究所长狩野等。羽田亨也是其中之一,他对文绮格外关照。文绮初入帝大的时候听日语教课还感觉困难,但仍然能勉强用日文记下课堂笔记。羽田亨常在课余给文绮修改笔记。那时文绮也常和一些日本研究员来往,互相之间只谈学问,从来不谈政治时事。他们在日文方面也常常给文绮以帮助。京都帝大考古系的研究员奥村太一郎在中国留学时是森玉的学生,他热情地留文绮住在他家,他的家人也对文绮很好。因此文绮不禁产生怀疑:那些在中国横行霸道的日本军人和这些善良普通的人们是否属于同一族群?

文绮在日本有时会接到功叙的来信,从中得知辛笛于1936年去英国了,在苏格兰爱丁堡大学学习。同时功叙也写信向辛笛报告文绮的情况,辛笛曾责怪他不进一步撮合他们俩,功叙受冤枉地解释道:"你不知道这小姐的脾气很大呢,不那么容易的!"于是功叙

文绮在日本京都与帝国大学研究院同学合影

这位天津南开中学和大学的校友继续成为这两位的牵线人，用连环通信的方式，即文绮→功叙→辛笛，或辛笛→功叙→文绮，使各在东半球和西半球的他俩尽管没有直接通信，但仍能互相知晓对方的情况。

文绮在京都帝大除了研究中日外交史料外，还研究郑成功，因为郑成功的母亲是日本人，所以有关郑成功的史料在日本颇为丰富。在京都帝大整个文学院只有她一位中国女学生，受到大家看重，认为能考入京都帝大就不容易，读文科的女生本来就很少，而且还是中国女生，真可谓凤毛麟角。文绮在学校主要还是埋头读书，每天早晨到帝大，晚上六点钟才回住处，吃完晚饭继续读书到深夜。只有在星期六或星期日才偶尔去看场电影，或是到京都附近的风景区远足。

这是文绮一生最踌躇满志的时期，认为前途充满了光明，准备苦学三年。南开母校

文绮20世纪30年代中后期在日本

也关心着她,历史系蔡维蕃教授与她有通信,鼓励她好好学习,学成后仍可回母校任教。为了安心读书,她拒绝了周围男同学的追求,更不去考虑远在西方的辛笛,这时已完全准备独身终老。

她与奥村一家相处得和睦,节假日她会为他的家人烧中国菜,受到她们的赞赏和欢迎。奥村的小女儿更是喜欢跟着她。她长大后还给文绮寄来穿和服的照片,近年网上流传的所谓文绮穿和服的照片其实就是这位日本姑娘。

中断留日生涯

1937年7月初,文绮和她大哥伯郊回国过暑假,抵沪不几日,北平就发生七七事变,日军发动了全面侵华战争,北平、天津相继沦陷,徐家人从北平逃难到上海,团聚时大家都抱着悲愤的心情,在上海住了下来。侵略者把南开大学视作眼中钉,要拔掉这个抗日据点,他们轰炸,甚至浇汽油来烧毁南开大学,那里的图书馆、教学楼、实验室,包括文绮她们居住了几年的芝琴楼,全部毁于一旦,这是中国第一所惨遭炸毁的大学,文绮在报上读到此消息热泪夺眶而出。一所高等学府被侵略者恨得如此咬牙切齿,只能说明知识和思想的力量,说明当年大学所代表的民族精神不朽。不久,上海爆发了"八一三"淞沪抗战,中国军队同仇敌忾,团结御敌,浴血奋战,抵抗日军的猛烈进攻,坚守三个月,赢得沿海工业和政府机关内迁的宝贵时间,歼敌四万余人,极大鼓舞了全国老百姓的抗战热情。

文绮和伯郊对日本恨之入骨,不愿再去敌国继续研究生学业,中断了留日生涯,而留在日本的众多研究资料再也没有拿回来。

上海抗战期间，文绮每天必读战讯，也曾为支援前线将金链条和手镯捐献出去。后来我国军队节节败退，文绮悲痛万分。文绮不愿无所事事地待在上海，她先想去内地回到南开大学工作，此时南开已和清华、北大合并迁往湖南，称为长沙临时大学，后又迁往昆明，改称国立西南联合大学，但家里长辈无论如何不同意战乱期间让她单独出行。继而她又想应征南开的留美奖学金，但因人在沦陷区而没有得到。无奈之下只能暂时给世交家的子女做家庭教师，教英文；同时自己学习英文打字和英文速记。1938年5月考入江海关任打字员。当时海关完全在英国人的管理之下，一切公文全部用英文。海关的工作被人称作"金饭碗"，确实，文绮每月薪金200多元，离开海关时已加薪到400元，但对女职员仍有诸多不平等的限制，如不能结婚（结婚前必须辞职），不能提升等等。一年多后江海关易帜，他人始终不知文绮曾留学日本

文绮在沪期间所摄

懂日语，她不愿在伪组织的旗帜下工作，请求调遣到仍为英国人管理的海关总署工作，在汉文科主要事务是将中国公文译成英文，再打字出来登记，供海关总署英国人阅览了解。

有情人终成眷属

徐家长辈觉得文绮年龄也不小了，忙着给她介绍男朋友，但她

都看不中,直到有一天供职于中南银行的三叔鹿君给她看一张男士的照片——竟然是辛笛!鹿君告诉文绮,照片是他在银行界的同仁、金城银行稽核王轶陶给的,他也忙着为远在英国留学的侄子王馨迪介绍女友。其实,两家的长辈互相有所知晓往来,只是并不知儿女早在南开就已相遇相识罢了。不仅徐家三叔与王家四叔此时同在银行界做事,而且辛笛的四叔轶陶爱收藏古董,常向文绮的父亲森玉请教,很佩服森玉的学问;鹿君与辛笛的父亲慕

1938 年辛笛留学爱丁堡大学时所摄

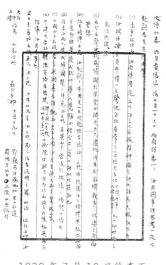

1939 年 7 月 19 日徐森玉致文绮函

庄在北洋政府期间曾同在财政部谋事。森玉后来给女儿文绮的信函也曾提到:"文绮览:寄沪信当未封,又接汝书附馨迪上汝三叔书,文理当优,字迹颇似其尊人慕庄先生,一览便知为谨饬之士,欣慰无似。"[1]可见森玉也早知道慕庄,甚至还能辨认他们父子字迹相似,这也要有一定的了解才能判断,更不要说两家父亲都有共同的友人,如与陈师曾都有交往等。真是无巧不成书,天津南开结下初遇的缘分早在老一代身上

———————————

[1]见《徐森玉给女儿的家书十二通》,王圣思整理,载 2016 年 4 月 11 日《文汇读书周报》。后引文字出处同此。

就连上了！这样,她与远在海外的辛笛直接通起信来。辛笛萌生邀文绮也来欧洲的想法,一起再到巴黎留学,那是多么美好的一件事! 文绮为此与远在贵州安顺山洞守护故宫文物的老父徐森玉几次通信商量此事。森玉为女儿和未来的女婿着想,颇为支持,他彻夜未眠,列出七条同意文绮赴欧读书的理由:

汝出国事经思考一夜,以赴欧洲为是,其理由如下:

(一)沪事①非但与汝所学异途,且以汝之不屈服精神论之,决不能长久服务下去。

(二)汝披沙拣金有年,得一王馨迪自非寻常之盲从者可比(余闻此事亦深庆幸)。凡一切世俗之见均须摈除。

(三)若令王馨迪提前归国,于学业上损失太大。渠既将为我家婿,应事事从渠之方面着想。

(四)现在镑价太高,汝赴欧之费用是一大问题。惟有请汝三叔将预备汝之婚礼费移作此用, 余意即稍举债成就此举,亦觉称心。惜余太穷,不能加以援助也。

(五)将来汝两人学成归国,双双拜见汝三叔,其荣幸当过于排场之婚礼十倍也。

(六)中国女子衣服着至欧洲甚为雅观,与男子不同,汝若至欧,不必另制服装。

(七)牛津大学已聘陈寅恪为教授(聘中国人为教授,此是第一次),不识陈往就否,余即作函询之。如陈赴英或可指导汝若干事也。

---

①指文绮中断日本留学后,回沪考入江海关任职。

只因二次欧战的阴霾逐渐浓厚笼罩，最终不仅文绮无法成行，游子同时为奔母丧也启程归国了。辛笛回到上海先与文绮及其家人见面，徐家长辈都很满意。见面时他送文绮一把英国折叠伞，文绮客气地表示感谢，矜持地收下，辛笛不知是否打动芳心，忐忑不安，文绮的亲妹小毛"泄露天机"："大姐姐喜欢得不得了，在房间里打开又收起，收起又打开呢！"辛笛这下放心了。文绮后来回赠了一件自己手织的男式毛衣。当时森玉远在贵州，只见过照片和信函，评价道："汝前寄来合影二小张。馨迪形容严整，余故以敦厚评之，兼则文采焕发，气度轩昂，可见心境与面貌甚有关系也。"辛笛读到过老丈人的这些书信，几十年后向子女提及时甚为得意："我是你们妈妈'披沙拣金有年'，才得到的呢！"

1940 年 2 月辛笛与文绮订婚照

辛笛在天津办完丧事后，即返回上海，与文绮有了更多更深入的交往，尤其对诗歌和文学的共同爱好，使他们越走越近，所以他俩觉得他们是诗的结合，也是功叙的热心撮合。难怪功叙 20 世纪 60 年代见到辛笛女儿时，会大声爽朗地说："知道不，我是你爸爸妈妈的媒人哪！"

1940 年 2 月辛笛与文绮在上海订婚，7 月两人结为秦晋之好，有情人终成眷属。太平洋战争爆发后，因家累辛笛无法随学校内迁，入父执周作民创办的金城银行任秘书。抗战期间辛笛和文绮还

1940 年 7 月辛笛与文绮结婚照

将老丈人徐森玉和师长郑振铎在上海收集的部分珍贵古籍善本冒险藏匿于家中。这些正是日本人千方百计想要搜寻的。当一位医生受到日伪怀疑有危险时，他们趁着夜色把藏在医生家的珍本又全部运到了辛笛家。因为邻人都知道辛笛喜欢买书藏书，家里书籍很多，所以又运来那么多书倒也没有引起怀疑，他们夫妇俩小心翼翼地守护了三四年。辛笛觉得这已不是写诗的时代，也为避免日伪注意，第一次搁笔不再写诗。

直到抗战胜利后，辛笛和文绮把代为藏匿的古籍珍本如数由

辛笛和文绮住处——抗战期间秘藏古籍善本的上海中南新村(陈青生摄)

20 世 40 年代前半期住中南新村时辛笛与文绮合影

森玉与振铎交给北平图书馆,认为自己只是追随父亲和师友,略尽绵薄报国之意。辛笛的诗梦又重新燃起,以象征、隐喻等现代手法写下一系列与现实相关的诗篇,1948 年收入代表作《手掌集》中的"手掌篇"。同时,应上海《大公报》编辑潘际坰之约,开设"夜读书记"专栏,介绍欧美新书,后集成同名书评散文集。他在文艺界也活跃起来,兼任"美国文学丛书"和《中国新诗》编委等。

1948 年 1 月《手掌集》初版封面　　1948 年 8 月《手掌集》再版封面　　1948 年 12 月《夜读书记》封面

结语　割不断的故乡情

　　尽管辛笛在上海成家立业,从此定居六十余年,但青少年时代在一个人的成长历程中是至关重要的,给他留下的印象是深刻的。辛笛在天津生活、学习了二十年,打下扎实的中英文基础,开始了他的诗文创作和翻译,以及喜结良缘的初遇都是与天津休戚相关、密不可分的。他对出生地始终怀有美好的感情,晚年也曾写有回忆天津的文章《秋窗忆语寄津门》和《听得春声忆故乡》①。

　　定居在上海的辛笛与天津始终息息相关。1946 年,南开张伯苓校长去美国接受哥伦比亚大学授予的名誉文学博士学位,从海外归来之际,辛笛与南开校友一起在上海迎接他;1949 年,辛笛收到四弟辛谷和张玉在天津喜结良缘的结婚照;同年 7 月,辛笛作为上海代表去北京参加第一次全国文学艺术工作者代表大会,会

1946 年南开校友在上海欢迎张伯苓自美归国,前排蹲者右三为辛笛

①《听得春声忆故乡》最初发表在《天津日报》1984 年 4 月 1 日,收入辛笛著《婵嫒偶拾》,
　　上海教育出版社 1998 年版;《秋窗忆语寄津门》最初发表在《散文》1982 年第 2 期,收
　　入王圣思编《海上文学百家文库·辛笛卷》,上海文艺出版社 2010 年版。

1949年辛谷与张玉结婚照

后也特地到天津看望亲人。回沪后他深感到自己的诗艺已不适合新的时代要求,于是转到工业部门工作,一切从头学起,几乎又一次搁笔不写新诗,只是偶然会写一些旧体诗。

1956年辛谷来上海开会,和二哥全家欢聚合影;1962年,辛笛文绮在上海招待从天津来度蜜月的侄子王湛伉俪。只要有北上的机会,辛笛总会去天津看望

20世纪50年代辛谷出差到上海与辛笛一家合影

文绮和王湛伉俪

1963年的兄弟仨

1963年辛笛在天津公园与大哥一家和四弟夫妇合影

老兄和四弟，也不忘与老友高承志、唐宝心等相聚。

在"文革"中，辛笛得知天津的亲人遭罪，大哥一家被"扫地出门"，住在地下室艰难度日，四弟则不时被批斗，发配到乡下劳动，不觉黯然。而当时他自身也难保，家被抄，上万册藏书全部被卡车运走，扔在上海大场的一个仓库里，其中就有他多年收藏并喜爱的数十本字典和词典，这是他一生所遭遇的又一次书劫，一如前苏联女诗人阿赫马托娃在《安魂曲》里的有名诗句——

辛笛在天津。左起唐宝心、辛笛、×××、馨逸、高承志

"晴朗的日子和空空的家"，这也是所有不幸家庭面对突如其来抄家灾难的共同感受。在单位辛笛被批斗、写检查，还去干校"牛棚"劳动改造。在俄语广播学校任教的老伴文绮受他的牵连，也被送到农村干校劳动……他只能在心中悄悄地惦念亲人。终于兄弟仨都熬过了那些艰难的日子，只是大哥馨逸不久病逝，享年75岁。

20世纪80年代迎来春暖花开的日子，辛笛也重新焕发诗情诗兴，新诗、旧体诗和散文轮番地写。生前除了旧作《珠贝集》没有再版外，《手掌集》《夜读书记》都不改动一字得以再版，以后不断有新诗集《辛笛诗稿》《印象·花束》《王辛笛诗集》、中英对照《王辛笛短诗选》、诗合集《九叶集》《八叶集》，新散文集《嬋嫒偶拾》《梦馀随笔》和旧体诗集《听水吟集》等一一问世，他还主编了《20世纪中国新诗辞典》、为诗友杜南星和老伴徐文绮合译的狄更斯长篇小说《尼古拉斯·尼克尔贝》作了统一的校对。晚年他迎来创作的大丰收。

1984 年辛笛收到在津友人高承志和唐宝心参与翻译的《顾维钧回忆录》,让他回忆起青少年时代在他父亲的书斋里曾翻阅过顾氏自撰的《英文外交简牍》而留下的深刻印象,阅读之后与少年见闻印象相互印证,有感而发,写下有关书评。

1986 年他和文绮到美国, 特地去拜访文绮在南开的老师柳无忌先生,并与文绮一起作七绝两首《访柳无忌教授》:

> 青林深处是双栖,研墨相随范彩泥。
> 已有高斋聆雅教,更从绛帐记分携。
>
> 仰望林泉愧不才,杏坛无恙为重开。
> 寻思五十年间事,相约分湖待驾来。

诗前另有小引:

> 柳老税居于史丹福大学之邻曰孟乐精舍,文绮为其五十余年前及门弟子,谈笑所涉,皆当年天津南开大学教席往事,欣然再遇,何啻隔世。先生八秩高龄,比年仍著作不辍,与夫人高蕙鸿梁孟相庄,高更耽于制作彩陶以自娱悦。明年五月故诗翁柳亚子百年诞辰纪念,双驾行将回国探亲,因相约重晤于吴中黎里分湖之间。

1991 年在沪部分南开老校友聚集一堂,庆贺南开中学 87 周年、南开大学 72 周年校庆,白发苍苍的他们对南开的感情始终不减当年。照片上的孙浩然曾与曹禺(万家宝)是同学,从南开中学时代就开始了他的

1991 年 11 月 3 日在沪南开校友在上海有机化学研究所庆祝南中 87 周年、南大 72 周年校庆。前排坐者徐文绮(左一)、辛笛(左四)、张柟(右一)、叶崇德(右二),站者孙浩然(左五)、黄燕生(右一)

戏剧生涯,也考入清华大学,他因讲话有点磕巴,所以幽默自嘲起笔名"古巴"画漫画,尤其擅长舞台美术设计,后来成为上海戏剧学院舞美系主任、副院长,与辛笛一直是通家之好;而文绮的南开大学校友除在京的胡珉、鹿笃桐、在厦门的赵竹韵外,在沪的更有黄燕生、张柟、叶崇德等,她们互相之间或通信或相聚,同学友情绵绵不断。

1996 年为纪念张伯苓老校长的诞辰,辛笛和老伴徐文绮一起写下《缅怀张伯苓校长一百二十周年诞辰》:"长忆程门七十年,八方桃李后争先。欣逢百廿追思日,霁月光华更

辛笛和文绮相濡以沫六十余年(沈建中摄)

策鞭。""允公允能教导严,日新月异重清廉。喜今后浪推前浪,代代攀登科技尖。"①

辛笛到老还带有天津口音——"嘛事?"只要在上海街头听到有人在说:"是嘛,您天津卫吗?"他就总要回头看看,是不是天津老乡?秋冬季节他喜欢买来热气腾腾的糖炒栗子;每次到天津总不忘带起士林的咖啡糖回来让老伴和子女品尝……这些都让他回忆起青少年时代的温馨情景。在他年已九十岁之际,病痛不断,步履蹒跚,再也无法北上重回故土,想起远在天津的四弟辛谷,终于按捺不住,写下七绝《岁暮寄辛谷四弟手足》:"弟兄骨肉血缘亲,何幸分离六十春。岁暮天寒千里路,况今衰病更欺人。"②

文绮晚年患严重的骨质疏松,造成压缩性骨折,迫及心肺,于2003年9月30日在上海的医院病逝,生前再三叮嘱:"不要做任何抢救,让我平静离去,不开追悼会,不作遗体告别。"她希望人们想到她时,永远是印象中开朗端庄美丽的形象。辛笛亲自撰写讣告:"爱妻徐文绮(原俄语广播学校教师)痛于9月30日病逝,享年90岁,丧事已办。"一首泣血的《悼亡》是他最后的绝唱:"钻石姻缘梦里过,如胶似漆更如歌。梁空月落人安在,忘水伤心更奈何。"从此他沉默寡言,茶饭不思。他曾说过是文绮开朗乐观的好性情把他带出了内向,走出了忧郁,但此时精神支柱不在了,没有了依靠,好似文绮把他的诗情诗意也都带走了,他再也没写一句新诗和旧体诗。在文绮飘逝的第一百天,辛笛追随她而去,于2004年1月8日在上海逝世,享年92岁。 这段自天津南开结识的美好姻缘在世间画上了句号,但辛笛写给文绮的饱含深情的新旧体诗永留在人间,

---

①收入辛笛旧体诗集《听水吟集》,香港翰墨轩出版有限公司2002年版。
②收入辛笛旧体诗集《听水吟集》,香港翰墨轩出版有限公司2002年版。

2004 年上海作协为辛笛
逝世制作的纪念卡

天津市问津书院重印的
《珠贝集》封面

而他俩在天堂可以从此长相守,再也不分离了。

比辛笛小 5 岁的四弟辛谷更长寿些,2011 年 3 月 29 日在天津去世,享年 94 岁。

天津的故乡人始终没有忘记他们,天津的报刊上常会发表有关辛笛的文章。2015 年 4 月,天津市问津书院专门重版了作为内部交流的辛笛和辛谷诗歌合集《珠贝集》。在这本《辛笛与天津》书中,《珠贝集》和辛笛早年在天津创作的诗文和译文,又得以有机会集中正式面世,以飨读者。

一个人的血脉亲情和故乡情是永远割舍不断的。

2016 年 4 月初稿,2016 年 11 月二稿,2017 年 1 月定稿

下编　作品篇

青青者著

辛笛

蛙　声

一民

寂寥的夜里，
何处吹来一片阁阁的蛙声。

蛙声啊！蛙声啊！
你声声搅乱了我那沉闷的心灵！
唉，你为甚这样的不平？

——天津《大公报·小公园》，中华民国十七年七月二十二日
(1928 年 7 月 22 日)

雨　夜

鸿

夜是如此的长啊！
雨点不断地打到窗下的芭蕉瑟瑟作响，
冷风悄悄地透进了碧纱窗，
吹得孤灯的火焰摇荡，
使独坐无聊的我感觉出格外凄凉，
更逗起了心中不可说的惆怅。

二一,七,二八。

——天津《大公报·小公园》，中华民国十七年七月二十五日
(1928 年 7 月 25 日)

离 思

鸿

唉,异乡飘零,
举目何亲!
话家园长短,
念瘦骨离形,
倍觉伤情,
世事尽浮云!

心头耳际,
只萦绕着临别时,
"儿,珍重"的叮咛。

28.8.16①

——天津《大公报·小公园》,中华民国十七年八月十九日
(1928年8月19日)

---

①诗文末阿拉伯日期系辛迪自存剪报上写作日期的敲章。下同。

道 上

鸿

汽笛声中，
别恨偏长。
欲断柔肠；
殷勤地怅望，
怎奈荒烟渺漫，
云树迷茫，
遮住了家乡！

28.8.16

——天津《大公报·小公园》，中华民国十七年八月十九日
（1928 年 8 月 19 日）

荒 坟

秋 柳

参天的白杨，
时时奏出凄怆的音调，
数点的寒鸦，
不住哇、哇、哇的啼叫，
似向那长眠在杂草乱石间
的荒坟中的遗骸凭吊。

啊，英雄、才子、佳人，
你们莫要憎厌它——荒坟，
它是你们快乐的处所，
终是你们最后的归宿。

参天的白杨，
数点的寒鸦，
仍奏着凄怆的音调，
哇哇的啼叫——在凭吊。

一个秋日的黄昏后

28.8.21

——作者自存剪报(发表日期章 AUG.24 1928)

繁华的夜市

鸿

秋光又重新临到人间了！微风带有凉意地吹着，蝉儿沉滞地鸣着，处处都呈出萧瑟的景象，尤其在明月当空虫声唧唧的时候；但是这繁华的夜市啊，仍然像往日一般的繁华，一点也感觉不出！

看哪！道旁的高大的建筑，戏院，饭馆，市场，……的里面，灯光是如此的辉煌，陈设是如此的瑰丽。街中的拥挤的浮动的群众，花枝招展的妇人，风驰电掣的汽车中的阔老，……好像大海似的。听哪！叫卖声，絮语声，橐橐的革履声，呜呜的汽车声，……都混成一片。啊，这是多么繁华呀！

唉，繁华的夜市啊！你再繁华些，再十分繁华些，终遮不住人间的黑暗，恶魔的狞貌；因为，你要知道，你就是使人类增加罪恶和痛苦的本身呀！

唉，繁华的夜市啊！你更何能把铁石般的英雄们迷住，把他们的前进的壮志沉沦；也只得给一对对的富人，情人来享受，来销魂！

八，二二，写于繁华的夜市里。

——天津《大公报·小公园》，中华民国十七年八月二十五日（1928 年 8 月 25 日）

凄 惨

心花

　　血轮般的太阳已经隐藏起来了；一钩的新月渐渐由东方上升了；困人天气无形地在阵阵的晚风中消失了；绿荫中的鸣蝉休息了；池塘里的青蛙起始奏那不平的音乐；在在表现出是黄昏时候！

　　昏暗的灯光从一家小楼上窗户射到街心；她正在灯下缝补破烂的衣裳；兰儿酣熟地睡在摇篮里；屋中除去他的微细的鼾声，一切都在安静！

　　不幸的兰儿今年两岁了！歆华在世时，他时常伸出两只小小的肥白的手要他抱着，脸上还呈出天真可爱的笑颜！

　　但是，现在呢！歆华死了！小小的他那（哪）里知道什么是生死，心中只深深地还映着他的影子！所以不时地瞪着两只小圆眼珠还叫着"爸爸……爸爸"的希望他来抱他！但是有时他看见她眼里含着泪，纯洁的心灵中顿时充满了不可名的悲哀和恐惧，也便呱呱地哭了！

　　的确：她因为伤心啜泣过度，容颜一天比一天的憔悴，身体更加瘦弱多病了！平日所能使她得到暂时的安慰的便是他们俩唯一的结晶品——兰儿！

　　蓦地里，兰儿醒了！断续的啼哭声"爸爸……爸爸"打破屋中沉寂的空气！

　　她赶紧放下衣裳，摇着摇篮，颤声地唱着睡歌！不久，可爱的兰儿又重寻甜蜜的梦乡去了！

昏暗的灯光虽然昏暗,但她的憔悴的容颜挂着两行的酸泪,是很分明的啊!

夜之神来临到大地上,一切都在黑暗中销沉,好似在叹息;皎洁的月儿,从纱窗的一角偷窥进来,好似在安慰!

屋中的一切也似死的一般静寂,她的啜泣声隐约地可以听见!

灯光如豆,昏暗地四照,使得屋中格外凄切!

28.8.12

——天津《大公报·小公园》,中华民国十七年八月二十六日(1928年8月26日)

别前之夜

鸿

唉，今宵，最宝贵的今宵，

最凄楚的今宵！

莫把她轻轻度过！

心深处，

各蕴着千愁万绪；

柔情欲吐时，

却又相对挥泪，

悄悄无一语！

唉，明朝，明朝分手去，

更觅谁伴侣！

不知何时再相聚？

再相聚，

恐也似明朝匆匆分手去！

依然相对挥泪，悄悄儿无语；

偷看那亭亭花影，

移上栏杆轻舞！

八．三．追写于津沽

——天津《大公报·小公园》，中华民国十七年八月二十九日
（1928 年 8 月 29 日）

快 慰

鸿

羼弱的我知道愁思是有损的;但是终不因为它能使我身体更加羼弱,而抑住我的乡愁;所以,无论是黄昏,深夜,刻刻都沉浸于愁思之中。

近几天来,的确,愁极而病了! 病中多愁,精神格外痛苦;但是,孤伶的我却因病得到无上的快慰!

昨天清晨,脑子痛得厉害了;于是,慢慢地踱到邻近的医生的候诊室里去。

一间见方的屋子,很精雅地布置着几张桌椅;四周的粉墙,呈着新绿色:西式的门窗,也发光亮,表示重油漆了不多时日。我倚坐着沙发在守候。这时,内外悄然无声息。

砉然一声,门开开了,进来一对青年的夫妇;男子身躯高长,穿着洋服;女子稍胖,穿着玫瑰色的旗袍,怀中抱着不满两岁的小儿,这小儿,便是给我以快慰的小儿!

他母亲抱着他坐在屋之一隅,我的视线被这男子遮住了。数分钟以后,他把他从他母亲的怀中接来,置在自己的膝上。

啊,他是一个何等的活泼可爱的小儿呀! 他的面庞,虽然,带着病容,却仍是活泼可爱! 我想象着;他未病之先,那温润的两颊,肥嫩的小手,定更使人逗起了爱念呀!

他那一双圆黑的眼珠不住地向我凝视,好像从前熟识,现在重新辨别似的,最后还我纯洁的一笑!

这时,我确实有点伤感了,忆起了我的久别的慧儿,不知他现在还能像他一样的活泼可爱?

但是,当我见他一笑时,我的愁思,回忆,便都消灭了! 病也减想了! 心头只是如此的想着:他虽不是慧儿,我却想象他就是慧儿;他的活泼,他的醉人的一笑,我都想象是慧儿的!

精神兴奋了! 意识模糊了! 恨不得把他从他父亲的手中夺来,自己长时间吻着!

他这纯洁的一笑,只这一笑,已尽够灌溉我的枯槁的心苗呀!

啊,这就是他所给我的快慰!

28.8.26

——天津《大公报·小公园》, 中华民国十七年八月三十日 (1928 年 8 月 30 日)

歌　声

知止

夜深时,月影儿浸在微皱的碧波里
清风殷勤地吹送花香,
竹篱远处飘来欢乐的歌声,
顿使我心神驰荡。

何处的女郎、女郎,
月虽好,花虽香,
怎及你的歌唱——宛转悠扬,
我的心儿醉了,沉醉了,
仿佛倾在你酥胸的中央!
待醒时却才知身倚在竹篱旁。

嗳呀,宛转的歌声……何在,
只剩得残星三五、明月无光,
黑暗中的大地茫茫,
嗳呀,宛转的歌声……何在,
只觉得衣单露湿凉。

——作者自存剪报(发表日期章 AUG．31 1928)

新秋之夜

一民

淡抹的晴云衬托着，
薄雾般的碧烟笼罩着，
闪烁的繁星，
清莹的弯月。
含有凉意的微风，
吹得参差的树影飘逸。
豆花架下，
草虫儿在唧唧。
却勾起了离人的愁思，
叹泣！
嗳呀，新秋之夜啊！
你是何等地凄切，
何等地值得追忆！

28.8.16

——天津《大公报·小公园》，中华民国十七年八月三十一日
（1928 年 8 月 31 日）

瞽 者

鸿

蛛丝般的细雨飘洒着;剪刀般的凉风吹着;湿润的街中除去偶尔的呜呜的汽车声,一切都沉在静寂之中。

深巷里,忽然,传来一片凄恻的笛声,声声刺入愁闷的心坎,不加思索地便知是那衰颓的瞽者吹的。

他是一个孤独者,终年的漂泊,以算命为生。当他在街旁踽踽前行,或是和人家谈话的时候,常常发出叹声,似乎他心中蕴藏着无限忧郁与悲哀。他穿着一件褴褛的长衣。他那银色的胡须,瘪凹的眼腔,深刻的面纹,枯血的嘴唇,顾瘦的黄脸,佝偻的身躯,处处都呈出衰老的样子。他只有把他的心情,完全寄在这一枝短笛,吹出凄恻的音调,希望广漠的人们,予以怜悯与同情;因为他已经是盲目之人啊!

盲目之人永远见不着光明,在可怕的黑暗中,摧灭他的生命火焰,是何等的不幸;况加以残年漂泊呢! 人们太刻薄了,太自私了,各忙着自己的工作,各度着欢乐的生活,有谁向这漂泊的他一盼! 喂,瞽者,不幸的瞽者啊! 你不要再伤心了! 你把万恶的人们看作活鬼,野兽! 你的肉身虽在这地狱的人间羁縻,但你的灵魂却在理想的天国中流连了!

喂,自私的人们,醒醒罢! 你们莫要漠视他! 他从前也曾度过繁华的生活! 他那枯血的嘴唇,也曾吻过玫瑰般的双颊呀;他那顾瘦的黄脸,也曾和爱人的相偎呀! 他的盲瞎的眼睛,是爱的牺牲呀;深刻的面纹,是爱的遗痕呀!不过因为穷与老的到来,遂变成了一个孤独者!

凄恻的笛声,又阵阵地夹在雨丝中送来!

28.9.4

——天津《大公报·小公园》,中华民国十七年九月八日(1928年9月8日)

变 幻

鸿

一株槐树挺拔地立在墙角上；它的繁密的枝叶，与屋檐接连，覆盖着一片绿茸茸的草地。当着晴和时节，在这里，可以听到鸟语蝉鸣，可以嗅到花香，恰是最好的卧憩的处所。

我常常拿着一本小说，在这下面铺着的短榻上阅着，来消遣烦愁的时光。

乱絮般薄烟般的晴云，饰着蓝蔚的天空，令人在这大自然的美景中，发生意外的快感；就是我的久闷的胸怀，也舒展的许多！

忽然，天色昏暗了，晚风加紧了，我便把视线注意这奇突的变幻：

泼墨般的雨云，迅速地从东方腾起，不住前进，和那黑暗的魔鬼，将吞噬它的和善的敌人一般！这时蓝蔚的天空已经被遮蔽无余；天边只剩得一线白色的长空，和那被金黄灿烂的夕阳的光线返照成了的昏红的色彩！

钱大的雨点落下来了！

但是，不久，这可怕的乌云，便被有力的秋风克服了，仿佛像突兀的高峰、浩渺的海洋的形状留在天际，那蓝蔚的天空，淡抹的白云，重露出它们的面目；一条红蓝的炫目的彩虹，斜挂在树梢上；夕阳的黄光，留恋那娇艳的花草，殷勤地照耀着。

在这一刹那的时间，宇宙间已有如此大的变幻，何况一日一月一年之中呢！人们所以永远在悲欢着，在奋斗着，也正因为人事和宇宙一样的有无穷的变幻呀!

28.9.11

——天津《大公报·小公园》,中华民国十七年九月十八日(1928 年 9 月 18 日)

秋　晴

鸿

陂塘碧水，
涨几许新痕？
金风轻吹，
潋潋欲生纹；
草深处，
唧唧蛩声；
月光冷淡，
人影朦胧。
湿烟笼罩了黄昏，
恼杀人！
想江南秋色，
定更销魂！

28.9.20

——天津《大公报·小公园》，中华民国十七年九月二十五日
（1928 年 9 月 25 日）

牺 牲

鸿

在尖冷的半夜中,在一条窄狭曲折的长街上,时常有唪经声,木鱼声,从一间矮小的瓦屋里发出,打破了沉寂的空气。

这间小屋的主人,便是李小三的母亲。她是一个年近四十的寡妇,性好佛,长年的吃斋;每天除去买菜煮饭以外,把时间差不多都抛在唪经上了。

她的儿子李小三,年纪十八九岁,在某处旅馆里当茶房,性情非常孝顺;每隔五六天回家一趟,并且给她带些食物。

一个黯淡的早晨,天刚破晓,街上还没有人往来的时候,有四个人抬一张藤床,急迫地由东边奔,直到两扇歪旧的黄门口停住。起首咚,咚,咚地打门;其余的人都在注视藤床上的病人的神色。

李小三欢喜贪凉,嫌屋里热,常在露天地下睡觉,加之日间又吃果品太多,因此得了急症。他的同事,看他病势非轻,遂于天明时把他抬回家。

他的母亲,穿着一身单衣,心中忐忑地开了门。她看见她的惟一的爱子,在藤床上直挺地躺着,两手乱动,面色惨白,双眼紧闭,她就不顾寒冷,伏下哭唤了。

她去找她平日所信任的邻居赵妈妈——欺人的女巫——来替他治病;她以为医生治不好的。

到了正午的时光,他——李小三——渐渐清醒了,他的微弱的眼线,首先射到那可恶的赵妈妈在那里画符,他母亲在旁边恭敬地站看。

"娘呀,她怎能治我病呢?!"他颤声地发问了。"不要害怕,你的病非她治不好的!"他母亲很和善地说;跟着就是赵妈妈的可怕的笑声!

这笑声使他更恐惧了,更憎恶了,深深地悲哀了!重把眼皮闭上;肚子又加紧疼了,他不住地呻吟。

当他把符灰和水被迫地吃下后,他的眼睛下垂了,面色如纸一般白了,身躯僵直了,鼻中只余一丝油(游)气出入,不久,他便从痛苦中挣扎到仙境去了!他再看不见赵妈妈的狰狞的面孔,再也听不见他母亲悲狂的哭声了;他的生命竟作她的牺牲品了!

虽然他死了,她的爱子死了,这寡妇终不悔恨;她以为他前生冤孽大,菩萨不能救,只有悲泣而已!

她和人闲谈起来,总提到自己要唪经替他超度解脱,这大概就是自从李小三死后,她往往唪经到半夜的时候的缘故罢。

28.9.25.

——天津《大公报·小公园》,中华民国十七年十月二日(1928年10月2日)

小 诗

鸿

1. 别情

车轮动转，

汽笛声张，

使你鼓起了无限的欢欣，

使你催促了甜蜜的切望；

但这同样的车轮声，汽笛声，啊！

却轧碎了我的孤寂的客心，

吹断了我的曲折的愁肠！

你想：

既不知何日整归装，

又失掉了你这天涯的朋良，

怎能够不悲伤！

末了，请你抵乡时，

把我的"平安"的聊慰，

转语莫忘！

2. 秋夜

皓洁的月儿，
高照着家乡与此地；
底事今夜，
在浅深的灰云中藏蔽！
吹那瑟瑟的秋风，却多意
震动了我的娇弱的心弦，
把你我缠绵的心情暗递！

3. 羡蝶

你那银色的粉翅，
长细的双须，
是多么雅洁而巧小；
芬芳的蕊粉
是你取给的资粮：
幽密的花丛，
是你居住的仙宫。
你是何等的快乐，
何等的自由！
但我却受够了冷暖的讥嘲，
尝够了涩苦的滋味：
终年在异地飘零，
好似一头羁縻的病马！

28.9.21.

——天津《大公报·小公园》，中华民国十七年十月九日(1928
年10月9日)

秋 夜

鸿

在这悠悠,尖寒的静夜中,
露湿烟笼,
梧桐碧影浓。
乡思重重,
唱和着墙角吟蛩;
遥望团圞明月,
欲吐幽衷!

28.9.27.

——天津《大公报·小公园》,中华民国十七年十月九日(1928
年10月9日)

地狱般的人间

尔德

盛夏的骄阳把它的炬火般的光线,掩覆了长江左岸的 K 村。

浑浊的江水,平静地流着,时时发出清碎的激荡的声音。

天气是这样的热啊! 路旁的野犬,吁喘地卧着。天真烂漫的儿童在绿荫下嬉戏。辛苦的农夫, 个个都在碧绿的田垄中勤劳地耕种,虽然他们古铜色的皮肤上已经堆满了晶莹的汗粒。小小的 K 村充满了平和的空气;只有那得意的蝉儿,栖在浓郁的树荫中,嘎嘎地嘶叫。

K 村的景致,春夏秋冬四季都别饶一种风味,并且它隔离繁华 H 镇又不很远;所以它是最适于外乡人到那里养病或者是住家的。

晌午的时光近了;田埂上不息的有农夫们的妻女来送饭;树荫里也有他们在那里絮语。

野犬忽然惊吠了,村正阿二的女人又拿肮脏的扫帚,没头没脑地痛打那前妻所遗的秃儿了!

秃儿今年十五岁了,在六岁的时候,他的母亲因疫病死了。第二年的春天,阿二便续娶他的继母上来,他的惨苦地狱中的生活,也便开始了。

饥饿,□□,……种种牛马所不能受的虐待,秃儿都尝够了! 他时时感觉到世界上的事物对于他是空虚的。秃儿虽不很灵敏,他的确相信死神的来临是快乐的,往往在极悲苦的呻吟中,他抱有这种希望,但是待到痛苦的消失或者是到来的时候,他却又苟延残喘或是躲避；所以我们的秃儿煎熬了若干惨苦，依然存在这吃人的世界上！

据以往的事实看来，扫帚的打击是秃儿的最轻的刑罚；但是秃儿受了神经的恐惧，和经验所驱使，不得不从院心奔到门外；末了，终被暴突的眼睛，粗壮的吼声，乱舞的扫帚的淫威所摄住，他的小辫被阿二的女人迅速地揪住。

"小畜生，不能做点事情，倒惯会偷东西吃，要你这条狗命做甚么！……"她一面大声怒骂，一面抡着扫帚叮咚叮咚地乱打。

达儿——她的亲生的八岁的儿子——躲在门缝后看秃儿可怜的躲缩的景况。在吃吃的笑，笑秃儿的呆蠢懦弱，笑他自己的对于她的诳骗的胜利！

秃儿心中横着无限的冤屈，但因为怕痛苦的增加，嘴边只得诬认，并发出断续哀求的音调：

"下次不敢……了……不……敢……了……饶……一次……下……下次……"

李大婶在田埂上送他男人的午饭的时候，遥遥的听见阿二女人的咆哮，秃儿的啼哭，她便像发见甚么新闻的样子，急急地喊着：

"阿二哥，你还不快回去看看，嫂嫂又在打你的秃儿了！"

阿二正在江堤旁的绿荫中面对着江水坐着，休息他的疲劳的筋骨，痴呆地望着无边的江水，心中诧怪着秃儿还不送饭来。李大婶提醒了他，他才急急地奔回家去。

他的女人看见他来得匆促，知道是阻止她的惨暴的行为的，她更用劲来打秃儿！

秃儿的骨立的屠躯已经支持不住了，再加末了的沉重的打击恰中了他的前日的创处——他的腰部，没等阿二来到近处时，他早晕倒在地下了！

阿二的勇气消失了一半，当他看见她的泼狠的狞貌，用一种哀怜中而微带有责备的语气说：

"他是一个失掉母亲的孩子！你何苦把他打成这样！他有过失，你说说他就是了。——你看你自己累得这许多汗！……"

"哼，亏你养出这种畜生东西！你还有脸叫我不管！你……"她用手指头戟着阿二的鼻子怒气冲冲地说。

她本来看见秃儿晕倒就有点胆怯，现在藉此跑入屋中抱头放声大哭。哭，是泼妇对待丈夫的一种手段！

阿二气得面如土色，默然向着地下的秃儿无语。

夜已过半了，秃儿从昏厥中醒来，望见墙缝射进来的月光，四围漆黑，慢慢地摸索身下破烂的床铺，才知身卧在自己的小屋中。腰部创伤的苦痛，一阵阵加紧地刺入嫩稚的心，使他不住地呻吟。

这时他第一次咬牙切齿地恨他的继母对于他的非常的虐待；从前他不是不恨，是不敢恨，万一被她觉察出来，又要多挨儿顿打！他又想起他的异母的兄弟现时正在他的继母的身旁熟睡着，和他替他造成这次重打的缘因；他更气愤填胸了，恨不得跳起来，用刀把他们宰杀了！可是秃儿啊，现在连一动都不能动弹了！

往常秃儿看见李大婶有时从H镇回来，带着许多糖果给她的儿女，或者看见她哺乳她的稚儿时，那一种慈爱的恩情，往往叫秃儿流下泪来。慈母的爱是世间最宝贵的东西，可惜他未能完全地承受啊！他在寂寞孤闲的时候，常常忆起他的死去的母亲，并且深深地悲叹，以至于哭泣，"母亲啊，你在那（哪）里，你在那（哪）里?!"

现在秃儿又忆起他的母亲来，哭不出声，几行的苦泪只有从眼的两旁流下去！

疼痛的次数加速了,使他的两眼紧紧地闭着。

仿佛他的久别的慈爱的母亲的容颜显现在他的身边,他伸着两手向她的怀抱中扑去。

啊,田亩中的青蛙阁阁地奏着葬曲!秃儿的灵魂——纯洁的灵魂,抛下了苦痛的肉躯,从此离弃了万恶的人间而去!

"阿二家中的阿秃,天生的短命鬼!少欠的!修着这样好的继母,还要怎样!……"

"是呀,岁数这么大了,还偷东西吃,这不是找死吗!

"……"

在第二天同样的晴朗的天气的正午,K村人绿荫中三言四语地闲话着。

他们的论调的是非曲直,直到如今也没有人判断。

只有阿二一个人望着田垄东头的一座新坟出神!

——天津《大公报·小公园》,中华民国十八年五月七日(1929年5月7日)

饯残春

尔德

啊,现在已经是暮春了!

美丽的春神,可爱的春神,挑开了那娇艳的桃花的蓓蕾,铺就了葱绿的裀褥的草地,鼓动着温暖的而微含有料峭的寒意的风,把宇宙间苦酷的冬天所留的冷迹毁灭无余,尽充满了萋萋的生气。

这样的春光至少给我们这般生活于匆忙而又颓废之中,同时内心如奔突的泉源的生命力不充实的人以一种新的改革;虽然风沙中的北方的春色较比旖旎的江南差一点——昨日黄昏时才下了今年第一次的酥雨。

"干啊,努力地干啊!"当阳春之来临时,我曾在我的快乐的烦闷的心坎中这样地呐喊着,以求达到我的广远的希望。

功课堆叠忙杂的时候,自己不得不把时间支配到那上去,手里抄着笔记,眼里看着课本,而心里却被那创作的欲望和欲读小说,散文,诗,等等的热情占据了;在课堂上也是如此,教员在讲台上苦心的讲演着,而他所说的话却像一阵秋风过我的耳边。

但是,一到余闲的时刻,应当能够写点东西或者看点东西了,一坐下来,心惘惘然不能定,若有所失,像做小偷似的噗通噗通地跳着。书上的字简直印不进眼内去;即使印入,脑子对于它一点也不起作用,所以有时徒然呆看半晌,忽而醒悟过来。看不半刻,不是和同学谈闲心,就走到外面打球或是散步去。看书尚且如此、何况写东西呢。这种心情好似一个失恋后的情人所应有的!

时间这样地荒废后,却又深深地忏悔了!

性喜孤静,尤其是在随手写点东西的时候。闭在斗小的室中,来回地走着,构就我的文思,写出来的文字至少总比在公共的处所做的强些;但是起居在这学校的宿舍里的喧嚣的空气之中。这岂非梦想了!性尤喜在春夏深夜中读书,因为凉爽静寂,微风挟着花香透进了碧纱窗,使日间一切之思虑皆飞去而得深详地体味书中之情趣;但是学校却因为经济与健康两方面,不得不在晚十时后灭灯;我虽不反对此种规定,然而也不合我的脾胃。自客腊吾父死后,家庭方面,使我受刺激颇深。此种种叙述,与其说是我自今春以来终日昏沉无心去工作的主因,不如说这一半儿是我忏悔后为我自己的辩护!

一日复一日,时间总是这样地被荒废了!

厨川白村出了象牙之塔中说过:"……恶也不打紧,想做,便做去。在两可之间,用了思虑和较量,犹豫逡巡,送着敷衍的微温的每日每日,倒是比什么都更大的罪恶。"唉,我已经犯了大罪恶了!

而今春已暮,转瞬春将去,不可留,而我尽将可爱的春光抛废,广大无垠的希望成灰!春神啊,这些日子的余迹,只是千个万个万万个的忏悔,留在我的心头上!

春之神,我辜负你了!

四,二三,一九二九。

——天津《大公报·小公园》,中华民国十八年五月十日(1929年5月10日)

病　中

尔德

"没有爱人的人,是不应该病的!"这是孤伶的人在病中的愤语。

我平时从报章杂志所登载的小品中看到这样的句子,常常发出一种感想来。

这句话的背面是有了爱人的人是应该病的,然而"应该"倒(到)底不是"愿意",所以我想他们是决不会"愿意"害病的。

玲珑的月光下,氤氲的花香的气息中,他们俩互相猥(偎)抱着;酒绿灯红或者是斜阳西挂,晚风习习的时光,他们俩互相逗笑着;无往而非快乐!倘若他们俩之中的一个病了,则未病者一定苦心要饰盖着内心的不快之感而以一种温柔的心情来慰藉他,在病者则并不因为享受这种心情而忘掉病中的苦痛,不过减轻罢了。第三者看见他们情意缠绵,妒羡到恨不得替病者害病的程度;而他们俩却已经都沉浸在苦痛之中,更何能感觉到爱的愉快来——虽然他们可以从这里得到了爱的真正的享乐,抓住了人生的爱的真谛!

近数日来,我的确病了。患的是痧疹症,受了医生的嘱咐:不可以(吹)风,在一间不透气的房间内起居着,饮食要清淡,同时一切书籍报章,都不准入目,写字更犯禁了。前几条,于我的日常的生活上,无很大影响的,但是末了两条,却显然与我的嗜癖为难了。然而因为学校大考期的逼近,不得不遵守他的吩咐,以求病魔之速去。我的想在病中熟读几本书的希望于是被打成粉碎了,终日只是长夭夭地闷闷地坐着,寂寞苦死我了!

这次病中闷坐着唯一的收获,便是得到了"没有爱人的人,是不应该病的!"这句话的真味!

这乃是孤伶的人在病中作比较的愤语。不,是抱有求爱的希望的反面话!

这是从病者的立脚点出发,而非从有了爱人的人的立脚点出发的。

虽然我在病中能够竭力享受纯洁的至高的慈母的爱,我是并不以此为满足的。不要误会了,我并不以为慈母的爱不及爱人的爱,而是感到前者胜于后者万倍!不过因为工作繁忙的关系,和其他……,她似乎不能像爱人终日坐在病床前伴着我,使我少受点寂寞的袭击。

有意义的两性的互爱的追求,是人生的必经之正途,也便是人生的真味的要部!我的以往的心情和生活,对于爱的追求,是没有像现在病中的热烈!这是病中的心情的特征罢,或者是我的以后的生活的开始的先声罢,也未可知!

——天津《大公报·小公园》,中华民国十八年五月十八日(1929年5月18日)

梦——"献给我的亡父"之一

尔德

"梦"这个字,在诗人看来是一个纯洁的绝妙诗美的境界,就是抑郁多愁的人也以"梦"为其最亲近的朋友,虽然他似过眼的云烟一般的捉摸不着。普通人的说法,却以他为荒诞虚无之事。他们骂着人说,你在做梦呢,表示他们的伶俐!其实他们连梦都不知怎样做,对于一切的事象,只是表面地滑过去,糊里糊涂地虚度了人生的一场大梦。厨川白村说过,与其这样地活到七十八十,让人家称呼做有福气的太爷们,还不如对人生具有充分地观照享乐的生活短命而死,这的确是不错的。前者是意识的,后者是超意识的,而雅人——这或者有点不妥,俗人之分,也就在乎此了。

"梦"有两种,一种就是我们在憩卧之时所做的梦;甜蜜的或者悲伤的往事也一样地是梦。

诗人,小子岂敢,留神这千万斤斛的鼎担把我压死在下面了;多愁的人,我们又不能够做,青年人能有几多愁;而世俗之人我又不能老实地做。所以在静中我总喜欢把自己的灵魂竭力埋在已往的梦境中,想从那里得到我对于人生的新味。

昨夜眠后,恍惚之间,仿佛我在家乡的故宅中古旧的书斋里读书。忽然,门开开了,我的亡父和蔼地进来,于是我们两人对坐闲谈一切,终于不知谈起什么一件事来,他放声大哭,我也随之泣涕。这时外面仿佛降雨了,他要起身走,我们立在庭前的石阶上,看见雨势非常凶猛,院中已积有一寸多雨水,苍绿的藓苔浸在水中。我想留他在此宿一宵,但看见他的苦恼的面色,又不敢说出来。他撑着伞,穿着钉鞋,得得地走了。我掩着面哭到屋里来,好似非常凄凉的情况。

这时,我醒来了。手摸着胸口敷了一层胶黏的汗液,耳边只听得小弟弟的鼾声,眼线只与黑暗相接触,此外一无所有。那(哪)里有书斋,那(哪)里有雨声,更那(哪)里有亡父的慈颜?!

神智清楚些,对于刚才的梦境,惊疑中带着三分欢喜。那是我亡父吗?的确,是的,他的憔悴的枯槁的病容恰恰和他在卧榻弥留最后的一刹那时的模样相合。我悔恨了,十二分地悔恨。为什么我不尽力去留他多谈一会呢,不,谈到天明亮,而让他轻易地走开?又为什么不和他谈些痛快的事,以至于叫他老人家悲伤呢?拍(啪),拍(啪),照着自己的嘴巴,用力打了两下。打过后,觉得面上直有热火。

翻来覆去,痴心妄想地要另造成一个梦境,使我的父亲入我的梦中来,唉,虽然知道这不是人力所能为的事!

忆起了幼时的陈迹,那时的心情和这迥然异趣,却也是一个雨天。

一个将残的夏天,倾盆的雨正在劈拍(啪)地下着。父亲在家,在藤榻上躺着,两只腿蹻在小方凳上。我和二妹在榻旁长桌熟读着大学、中庸。

云开雨过,我们不时也从纸窗的破处望着檐前的水点滴在院中的窪处的水面上成了一个匀荡圈子或是明亮的水泡。三叔家的文弟狡猾地在外面用手招我们,动了我们水嬉的念头,但因为戒方的苦楚深印在我们的恼(脑)痕中,不敢不敷衍地咿呀咿呀地念着热闹。

老仆人张二——一个驼背的秃子,进来,把父亲唤醒,说有一个从远处来的亲戚要见面谈话。我父亲起来整整衣服,梗(便)叫张二出去请了。

"放学了，外边顽顽去。"父亲和善地对我们说着。

我们的心中很诧异他这次对于我们这样的宽大，然而无暇去思索它，和文弟一齐跳跃地跑到后边巷院去了。

我们这所老宅子有三道敞院，头道是大门和门房，二道是客厅和书房，三道便是老太爷，老太太，父亲，母亲，和三、四叔的卧房；末了，还有厨房的小院子，和在东卧房后身的巷院，这当中隔着一道红木大门，到晚才上闩呢。在巷院里，有几株枇杷树，不知名的各色的花，鸡埘，猫窝。倚着墙根放着二丈多高的柴禾，紧靠着供狐仙的楼——一个要坍倒的楼。我们常常从柴禾上冒险地爬上楼顶，把很悦目的豇豆的浅蓝色的花摘下来顽。这里便是我辈嬉戏的处所。

现在，我们偷偷地踏着水跑到巷院的墙角的窟洞旁边静俟着，一会儿，青蛙两三个咯咯地叫着跳出来，我们争先恐后地抓住他们放到净水的水缸内，看他们在水中游动的姿势。

我们正在兴高采烈着，不提防厨子庄三走进来；我们最恨他不过，因为他常常告诉大人说我们顽皮。他又像上次似的把我们赶到前面并且大声地嚷着。

母亲，婶母，……都站到外面看看什么事。他们大声的怒骂起来，伸手要打我们；我们吓得哭了向前跑。他们致怒的原因，不是我们顽戏，是我们把新穿的布鞋沾满了泥。迎面遇着我父亲，我们更慌得腿软了。

往常总是父亲做打骂的主动者，母亲是调解人。今天真出乎我们意料之外，父亲听见内面大惊小怪的噪嚷，迈步而来，却带着笑容向母亲道："不必噪嚷罢，替他们换一换鞋袜，好来同我陪客吃晚饭。"

我们于是乎更诧异他这次对于我们这样的宽大。

宾主照例地让坐,我和二妹坐在父亲的身边,我们在举行家常的筵席了。父亲每一次替我们捐(搛)菜,他微笑着并且低声地说:"慢慢地吃。"

唉呀,而今二妹固然是早死了,父亲又死了!那次的笑,这次的哭,虽然全在"梦"的过程里,却把我的一颗颗的热泪激荡得流出来,湿透了枕头。这将永镌在我的已往的心迹上。

父亲,你的逝去已经早满了百日了,但我希望你的灵魂常来到我的梦中,因为我是急于要晓得你的近况啊!

五,十八,一九二九

——天津《大公报·小公园》,中华民国十八年五月二十二日(1929 年 5 月 22 日)

死默——"献给我的亡父"之二

尔德

今天又是礼拜日了,我的心大大地欢喜。

看电影去,吃咖啡去,看赛马去,逛市场去,多赏鉴些红红绿绿的人们,呵,这都不是我的欢喜原由。我今天将再进到那废灭之园内去。

昨晚临睡的时候,我母亲说,明天又要漆父亲的材去,我将看漆工们做工,实际上是怕他们偷漆。我当时欢喜得几乎合拢不了眼,因为我将可以在亡父之棺上多摩摸一会,又可以把自身放到那缄默长卧的已经死掉的人们的中间,对于那"生命之谜"细细地思索一番。

早餐进后,携了叠好的冥锭和漆筒出发了。

走,在崎岖的马路上走着,过了一个臭气蒸郁的方塘,那里的水都呈着碧绿色,我们的目的地——浙江义园,到了。

这里建盖着纵横成行的高大的库房,漆黑的大门,一把把坚固的铁锁锁着,门上现出很大的裂缝可以看进去,里面上千的棺材,和暖的风从这些隙缝溜出溜进,或更吹动了门环,造出微细的声音,仿佛这些已死的人们的幽灵在来往。幸而热烘烘的太阳的光线洒在广院的青砖上,倘若是夜间,我定是要胆怯呀,虽然他们与我无冤无仇,并且一样地是人,不过短气罢了。

墙外偶尔送进来那临近的下流社会的杂要场中的歌声和嘈

杂,终被这里的默静压住了。这种静默不比寻常的,是真正的,大的,死的。我想任何处都比不上这里,这里不但布满了死的静默,而且充实着颓然长逝的人们,即使你进来的时候,这里无论怎样喧哗着,你的心不由地受了一种死的静默的暗示,而生出肃敬与悲哀的心情的。

我把带来的冥镪在砖坛内焚化了。义园的主事者恐怕火星的飞散酿成祝融的光临,所以盖成了四方的砖坛专作烧纸用的,但究竟不如在青草上面烧着有新的趣味啊。忆起了幼年在故乡的时候,当着清明节随着大人们去到东门外靠着韩沟桥的远代的祖茔和南门外曾祖父的坟地祭扫。家家都在坟头烧纸,那些灰白的纸灰被旋风吹到四外去。有些较阔绰的人们都带着家人挑了筵席来祭供。更有些新丧的寡妇,穿着一身纯白的孝衣,涕泪连绵地在她们的丈夫的坟头痛哭着。我那时并不知道同情于她们的悲哀,只觉得有点奇异罢了。我牵着大人的外衣想在那里多留恋片刻,因为那里有翠绿无际的田芜和一抔黄土的坟垛啊。最后终于苦意地被迫地走了,零碎的片片的纸灰仍在我们的四旁飞绕着。这是多么有诗意呀!

南北山头多墓田,清明祭扫各纷然。

纸灰飞作白蝴蝶,泪血染成红杜鹃。

日落狐狸眠冢上,夜归儿女笑灯前。

人生有酒须当醉,一滴何曾到九泉!

——高菊礀《清明》

这首诗很能描出清明祭扫的情况和人生的真味来。

虽然像清明祭扫这类的风俗是有点迷信的事，我相信人生必需要它们点缀的，因为它们至少能给我们对于死后的景境以些微的信托，和减少了我们对于已死者的悲哀。

在这义园里，除了停枢的处所，还有给富人做经筵的正厅，和那穷人的养病院。这所养病院，据说一百个病人进来，能养好病出去的连一个都难得，我以为不如改作送死院好。唉，穷人是该死的！

凡一口棺材进门，走正门一次十二元钱，要是走小门的话，只需三只洋就够了，甚或不花钱。还有，停材的地方也分几等，我拿最高的和最低的比较一下罢：最高的有五间正厅，内面设有电灯，桌椅，……华丽的陈设，比中上等的活人的住房还阔，一天的租金就八元；最低的是一通长的大间，棺材都从地下堆起来，一行行紧靠着，里面阴森森的，我们走进去，更是要伤心惨目了，一个月才租洋四元，穷苦的人们，不花钱，也可以停在内头，穷富到死后还是天地般示别着。

为什么生，为什么死，在宇宙间，这恐怕是最神秘的问题了。科学只能解答人是"怎样"生的，"怎样"死的，而说不出"为什么"来。上帝，这悲惨的事，都是你造成的罢！

无病而终的是我们极希望的事，也是虚渺的事。心脏麻脾（痹），我们也很欢迎的，却也是很难有的事。最后我们不得不求诸死于非命了。这样的死法是可怕的，然而是极痛快的。周作人先生在《死法》中曾这样地说过。固然，这可使死者免受些呻吟的痛苦，而未死者却要加倍地悲哀了。

我在这停枢的格间旁漫长的踽（甬）道上徘徊着。心中扰攘着这些死的问题,但终莫名地被这重大的死的静默抑住!

五,十九,一九二九

——天津《大公报·小公园》,中华民国十八年五月二十七日(1929 年 5 月 27 日)

边先生

尔德

天很热。白亮的太阳晒得地上滚烫。没有一丝风。

狗儿在喘。蝉儿在叫。

边先生又在睡午觉了。天的确热的很。

怎么知道？听。琅琅的念书声没有了，继之以哼哼。再听。哼哼也没有了，现在寂寂无闻。边先生是在睡觉了。

边先生躺在藤榻上。上衣袒着，露着胸和肚。肚子宽有二尺来，挺着好似一座山。一起一伏，显然不平板。几个麻苍蝇在上打转旋。

七八位，九十位小学生坐在那里。面前摊着破书本，无非是论语孟子。现在都下了坐位来，蹲在地下，商议什么事。

边先生右手内的芭蕉扇动了一动。小麻苍蝇吓跑了。小学生哼了几哼。

过了半点钟芭蕉扇又动了一动。麻苍蝇不理会。小学生哼也不哼。

天西了。边先生的梦没有醒。

小学生一个一个都捧着书本过来。

"什么事？

"请先生背书。"

"沉一沉。"

小学生又一个一个捧着书本回去，可是快快地。

蹲在地下成了圈。愤慨地议论什么事。边先生仍在睡。

啊,吓煞人。小学生一齐喊叫。琅琅,琅琅,震破了沉闷的空气。

琅琅,……边孝先,腹便便,琅琅,懒读书,但欲眠,琅琅……。

边先生蹶起来,挥着芭蕉扇。大笑着:

"什么事,你们肯喊破了喉咙?

"好的,……边为姓,孝为字。腹便便,五经笥;但欲眠,思经事。"

小学生都红着脸。边先生笑哈哈。

"好的,走罢,放罢,放学了,……好的。"

边先生笑哈哈。小学生已经走了空。

天黑沉沉,边先生掌上了灯。

今天的事过去了,明天又有谁知道。

边先生的"本事",想诸位知道了,从略。

八,十六,一九二九,下午五时。

——天津《大公报·小公园》,中华民国十八年八月二十九日
(1929 年 8 月 29 日)

入秋的时分

尔德

秋来一月有余了,中秋佳节转眼便是;然而秋意恰刚十足,介于季夏的余热与深秋的萧飒之间,而是一种幽娴清隽的境界,好似涧溪中悠徐的明澈的冰齿的泉流一般。身在此中,自然他会生出飘逸的忘怀的心情;赏玩着这目前的景色,便会不期然的遂忘掉了小我,完全与大自然的节奏和合起来。人和宇宙,都在这淡淡的一层的似烟非烟,似雾非雾之中罩着,这才是真正的入秋的时分了。

要知中秋节之所以佳者,固然半由于"月圆人意好",而大半却因这时秋意是达最高点了;但正和当晚的婵娟明月一样,过了十五,月轮便渐渐消瘦了,而秋光也逐来老灭了。迨到秋深,寒风砭肌,草木黄脱,午夜中,竹叶鸣萧萧,斯乃冬意,而冷隽的秋神已不知何所知了,虽然时季尚未更变,人们称之曰深秋。

所以我以为秋之最佳日不在中秋而就是现在。因为中秋以后,便将急转直下,以招徕残酷之冬,殊觉可惜;现在以前,乃秋之未成熟期,没有更深涵的秋味,也不足以言秋之美;现在恰是入秋的时分,在一步一步踏进秋之怀抱里去。

四时中当推秋季最富有诗味,春虽差可比肩,究竟俗不可耐,惹人嫌恶。举譬言,则春像一位都市里涂脂抹粉的花枝招展的大姑娘;秋却似一个新丧"所天"的嫠妇穿着一身缟素,容颜,行步,……无一处不动人怜爱。诗人多爱秋天,大概是因为(此)缘故吧,或专取其凄清,都未可知。有人说,弄文艺的人们,只会吟风玩月,肉麻,无聊。我说有的作品确是这样的，只是粗浮地简单地写出风儿雨儿，……不能把与大自然的和谐，用自己的奔湃的生命力渗过了出来，使其他人得到共感交鸣，那无怪乎其为肉麻，无聊。这是就作者自身说。然而在赏鉴者也必须胸无成见，不取一味谩骂的态度，用深刻的眼光来看一篇好的作品，至少他可以领略到那藏蕴在里面的神秘的美来。那他也才够一位赏鉴者的身份！

因秋日最能动人缠绵悱恻之思，她才多多被诗人吟咏的。我却喜欢她的凄清，她的冷淡，她的萧疏，丝毫不动愁思，或因也无愁可思罢。夜晚间，听院角虫吟唧唧，树叶作沙沙响，反使我神经更兴奋，更大欢乐。秋风我遇见过，秋雨我遇见过，而"秋风秋雨愁煞人"的心境，我从未遇过。总此种种，想定是无愁可思的，不然，古人抑何其多愁也。至于有人见秋风而冬之将至，那未免更有点神经过敏罢。孩子们对于秋天的感思，极谩怨也极快乐，谩怨的是那天气渐冷，他们不能自由在外顽耍，快乐的是中秋节来近了，他们又要吃着美味的月饼，柿，葡萄，栗子，……了，还有泥兔儿爷顽。他们的需要，如斯而已。生命的真味，也就在这里。

多年未回故乡去，心头总是萦念着，现在秋景当前，北方自不免因气候而减色，于是愈悄然怀忆江南了。去年的此时曾幻遇现在身是在故乡了，现在却依然在尘土中的天津羁留着；明年呢，想也没大改变。唉唉，俗务真累人不浅啊！

打住不写了，咱们且好好度这入秋的时分罢！

——天津《大公报·小公园》，中华民国十八年九月十六日
(1929年9月16日)

河滨之夜

心 笛

天气究竟渐渐寒冷起来了,月亮是这般的凄厉得可怕啊。河水平静地展开着,好似悠悠不尽,偶然掠过一阵刺骨的霜风,水面上便起了万点的银波。在这寥寂的四围中,老朽的水车独自地急促地发出辘辘的声音。

岸上的树木受了严霜的残酷的打击不觉消瘦了许多,所以月光得从枝芽间射进来,把在树下摇动水车的两个人的面貌清清楚楚地照着。一个是年纪长大的,身材矮小,下颔生着一撮短须,两只闪烁的眼睛透出他的能干的样子,额上深刻着丝丝的皱纹表示他的过去的伤痕。另一个正在强壮之年,高鼻阔嘴,面圆臂长,体胖而适中,令人一见即知为忠厚的爽快的人物。他们都穿着蓝棉袄裤,结着灰白的腰带。他们是距离河岸二三丈的一所私人花园的园丁。这宅园四无邻家,除去左近十数村落。园中面积颇广,半坁花,半种菜,一角筑起高丽的楼。它的主人是一位鼎鼎大名的律师。他把这当作消夏别墅,每年夏季他必从城里到这里来游散居住。平日只是这两人看守本园,并管浇种一切花木。

他们今夜喝了几杯烂酒,神经兴奋,闲着无事可干,说是来到河边绞水玩罢。他们用力绞着水车,河里的水潺潺地上来藉那沟道流入园里菜畦的左右去了;浑沌沌的白热气也不住地一团一团从他们的口鼻嘘了出来。

"你觉得怎么样?"老头儿带有醉意地问他的同伙。

"热的很喽！你看，这儿满是汗。"那年青的人一边气粗地答话，一边用他的袖头拭汗。

"我脸上也发烧呀。……喂，咱们歇一歇罢，我想，水足够用了。"

"可以呀。回来咱们再多绞些，好叫咱们的酒在这风天里吹醒了！"那年青的说着便撇开手跑到右面的一棵梧桐树下；看看高天，看看河水，看看身边的野菊，随便地乱看像是异常快活的。

老头子站在水车旁楞（愣）了一楞（愣），便狂热地奔过来，失张张地说：

"毛二，喂，半年来我俩处得很不坏，什么话都曾谈过，但止差一件事——一件重要的事，总没问你，虽然……我总……想问你！……"

毛二登时吃了一惊，看他一变镇静的态度，未等他说完插口急问道：

"什么事？"

"你有女人没有？"

"你发疯哪！刘大，你怎好生生地问起这事来，干甚？……我没有女人！"

"你是没娶呢，还是她死掉了呢？哈哈！"刘大微笑了，不答他的话。

"是死了呢！两年前病死的！"同时毛二心里疑讶："他无论何时都注意女人议论女人，现在又转到他的女人方面，他为什么这样喜爱女人呢？"

"呵呵，我们都是鳏夫呀！都是没有女人的人——我们同有一样的苦命呀——……"刘大十分愉快，欢喜，毫不觉羞耻了，毫不觉凄然了；他并非幸灾乐祸，而是因为在艰阻的人生之途上有了携手的伴侣了。

毛二了解了他。他的话匣半兴奋地半悲哀地打开了：

"唉，她真是一个贤惠的女人呀！到如今一提起她来，我都要哭呀。我恨我在她生前薄待了她，我太对不起她！"

这"贤惠"二字直如晴天霹雳对于兴高采烈的刘大具有非常的力量。欢愉立即逸去了他的心胸，忧郁的黑云重翳在他的头上。他的一颗心被这二字叫起来扎进去。他便想到关于他自己的无耻的淫荡的妇人——现在久已归于他人了——偷汉的事，从前他并非不想，但是在这一喜之后，他的伤痕可更加深了啊！他低下了他的头！

毛二继续说下去——

"我想你一定愿意听罢，关于她的事：

"六年前我已在主人家当打杂的。她那时整二十岁，是主人最喜宠的婢女。我们俩日久互相看中便热烈地爱上了。我们正在想法脱开主人的羁绊，一齐回我的家乡，种田度活；一个厨子也屡对她表示过意思，她却漫不理会，因为她真心爱着我啊。于是那人积成嫉恨到主人前告发，想拆开我们一对。固然她非我绝不嫁，我也非她不娶，而谁知主人因我的憨厚反替我们撮合了。我看见那厨子懊丧的态度，既可笑又可怜！哈。"他面上浮上一层骄傲的笑，语音在提高着。

"以后我便带她回家。我白天在田里操作，晚晌回来。家中所有大小事情都是她一人做。她比在城里劳苦多得多，吃着又都不好，然而我从未曾听见过她的一句怨话。有时我因事生怒还要拿她出气。当初我很欢喜喝酒赌钱，不知节省。她苦苦地劝住了我，把工资聚了一些,才有几亩田可种。唉,……她直是我的恩人哪,我太对她不起! 街坊邻居那(哪)个不说我得着好媳妇! ……唉……快活几时,悲哀的事情跟着来到了! ……这种穷苦艰难的日子终于把她活活地折磨死了! 她是在第四年冬天撇开两个尚在吃奶的孩子害痨病死的。我那时真想和她一齐去,无奈被这两孩子牵掣不得能够,前两年我一想起她,一看两个孤儿也不知流掉多少眼泪! 幸亏他们还乖,不然我更加难受了! 我近来才稍看开些,身体微微胖了。她在临死还说,叫我再娶一个扶养孤儿,然而,喂,老刘,你看我是那样绝心的人吗? 这辈子我无论怎样莫想再娶啊! ……

今年春天我把孩子托给我的兄弟,才单身出来,到主人这里讨得这份差事。

"主人还不晓得她是死了! 当我一五一十地诉说给他们听,大家都很伤心! 尤其是被她服伺过的太太和小姐立刻更淌了些眼泪! 唉,我也忍不住要哭……老刘,你看她可怜不可怜呢! "

老刘并没大细听他的叙述;脑中只是不息地一片一片演着:什么他的女人的泼狠呀,他的女人的偷人哪,他又在那晚怎样地僵着呀,他又怎样休去她呀,……种种种种他反复地回想着。脑上的青筋暴涨到皮的表面来,无限的说不出的悲痛,羞辱,嫉妒,忿恨充实了他的心;这颗心几乎要从他的身体里爆炸出来,并且要爆炸了全人类全世界! 他暗中咬着齿,抢着拳头,骂道:

"杀死天下所有的女人,这般狗 X 的畜生东西! 不怕人类都死绝;免得受这些乌龟气! ……"

"贤惠"对于他似乎失效了。不论贤惠和泼狠,只要是女人都要被他杀死!

月慢慢藏在一堆薄云里面。这时倘若他抬起头,我们藉着这黯淡的光定能发现小小的脸是一张灰白的纸,偶尔泛有沸热的血痕!

毛二还好像木头似的说:

"我可讲完了。你呢,你的女人是怎回事呢?"

这句话恶作剧地向刘大开始猛烈的袭击,是何等的可怕的恐怖啊!他硬要揭开这羞怂的内幕,使他比在油锅中煎熬所受的苦痛更深!哑巴吃黄连,他说不出口来!全身在战栗,瞬间疾举起他的两只圆眼,瞪着毛二,苦笑一声,一转身径窜入他们所管理的花园里去了。

毛二莫名其妙,茫然如做大梦一场,痴看他的渺小的后影,不久也便跟上去了。

月徒然复明了。河之彼岸雾的城堡逐渐高长,逐渐渡过河来。炊烟,农舍,田野,水车,黄菊,梧桐,花园,菜畦,灯光……一切都埋于雾之里。

在这世界里,没有动作,没有声音。

——天津《大公报·小公园》,中华民国十九年二月二十七日(1930 年 2 月 27 日)

泪和笑

心笛

　　有悲而泣,遇喜而笑,本能使之然。但人生无常,泪和笑相隔的程度岂有一纸之薄,直好似尘织之胶粘着蛛丝,执着此端谁敢担保不缠了彼端,缠了那头,又谁敢担保不触到这头! 泪者易为欢,笑者易为泣;甚至笑而泪泪而笑,笑者泪者几不自知为着什么,哑然若失。迨到事过境迁,回首前尘,则历历如梦,当时的一泣一笑,每每形成深味了。

　　在今日的吃人的场面里,几滴眼泪,两点笑靥,已不是那般纯粹那般随便事! 更那(哪)里谈到什么心情和味儿!

　　泪和笑在我们心田上堵着,其量最多而亦最少,有时表之于外,最难而亦最易。其故安在? 无他,在情之真伪有无而已。固然,有好多老于世故的人训练成一种唯一的奇妙的处世的技能,他能在悖反的情况之下随意地搬出最合适的泪或笑来。

　　婴儿二三岁时,遥见妈妈来,舞动颤跃,喜不自胜。肥小手儿掣出向前作欲扑入妈妈怀中之势,而牙牙欲语,眸子活动如水,红润之颐呈涡状,嫣然而笑。偶一不适意,或偶人坠地,或官能感受刺戟,则呜呜而哭,手狂乱摆动,目闭,睫上盈泪,流至颔下。此际指哄之呵之,则彼嫩稚的心复归快乐,泪犹未干,又嫣然笑了。在彼哭过即就是笑,毫不感到成人之所羞惭者,婴儿的纯洁的心。在这吃人的场面里有这样伟大的泪与笑在么!?

　　老于世故的人原来也是在这场面里瞎摸乱混,渐渐摸得头头是道,然后才对他的后生小子依(倚)老卖老:这些后生小子辈也莫不捧其屁股,景仰其尊贵若泰山之巍巍!这些老手们起初或许和我们现在一般真挚地流泪嘻笑,但是不期想到处碰了壁,为着钻进这场面里去,不得不殚精竭虑思索这泪和笑的功能和别的手腕,怎样Apply这泪和笑才能发生最大的效果以尽其能事。于是实行逢迎了,年头一久,便从怯生生地变成非常纯熟更且带点油滑气。从前开头办事说话,心里还惦着那里用什么手腕,这里用笑还是泪,到现在早已成了自然而然的手法了。刻下虽然在这场面里赚了一个大地位和财产,却仍须日日时时逢迎上者,不过自己也成一个较低阶级所逢迎者,这是很可自骄自喜的事!

故乡有一桩风俗:中产之家死了一口大人,在出殡期以前那装死者的枢在家里堂屋中设灵位祭祀的日程里,若有客来吊丧,在叩首打揖时,枢尾必有一位女眷坐着大声号哭。号哭的起讫即在那片刻中,谓为"号丧"。此职多由死家亲族轮流担任;倘无亲族或无人愿做,可出资雇妇人为之。哭者必须能哭时抓出眼泪,又须能即刻收住号哭,否则绝不能胜任。挖苦地说法,这种卖泪的妇人和那倚门卖笑的娼家合而为一,大概可以代表了这些老于世故的人罢?

这吃人的场面既为他们主宰了。能作真哭真笑如婴儿般的人们,用不着说,是几等于零;但就是那泪枯颧骨酸态畅哭畅笑的人也找勿出。我们将来或也保不住要到里去求教于世故的老手们,然而至少现在的我们已教被弄成流泪不伤,哭笑不得!

哭笑不能自由,吁,这个世界中,怎生活得!

——天津《大公报·小公园》中华民国十九年六月二日(1930年6月2日)

随笔(一)

一民

吃酒一事在下尚属门外。幼小时候,念到千家诗上的"家家扶得醉人归"一句,自己暗中揣念,很想将来做一个荣幸地被人搀扶着的酩酊的醉汉。一想起谁的话语:"小孩屁股醉汉嘴",豪兴又打消了一半。其实呢,"太醉近昏,太醒近散,非醉非醒,如憨婴儿",方是酒槽中的真风味。

西洋艺术史上有象征主义。如诗人梅特林克,凡哈尔仑等均是本派的重要人物。至于美术雕刻,绘画,音乐,那在本质上,便是用刀法,线条,声浪直接来象征人间的生命,浮世的哀愁呢。自然,它们也有它们的象征派。中国古旧的东西,除掉了古典的四六和散行的文章,还有什么?强和人家比一比,脸必须有城墙般的厚法。倘若有人说中国医学是最能运用"象征"的了。例如以荷梗通气脉,以丝瓜络通经络;又如用猪肾补人肾,用猪肺补人肺,莫不取其象形。这也许是一种恶意的嘲笑罢?

白日里思想什么,做了什么,夜间它们便会在梦里出现,不过有时事件的外形卸换了别的装样,为的不使本人发觉,但细细推起来,总还会有线索可寻。梦在精神分析学上很占重要的地位,这是一种"潜在意识"的作用。明人王季重游敬亭山,峰峦的秀美,深深地印入他的心目。当夜他就梦见,但是梦里的敬亭山却迥不是日间的面目了。这是很好的例子。归有光曾在己未会试杂记中云俗以泪着殓时衣,亡人不入梦,未足置信。

矢身于文学的人们,历史上记载着他们的不朽的名字,然而颇有一些是天生的两国或以上的血统混合的人。据遗传与生理上讲,杂种和私生子一样往往是绝世的天才。作虚荣之市的英国沙克莱是英印的结晶。意大利的父亲,英国的母亲生出了拉斐尔前派绘画运动的中坚罗色蒂。易卜生有丹麦德意志与苏格兰不同的祖先。即如入了日本籍的小泉八云,他的血管里也流着爱尔兰与希腊两种族合成的血液。还有小泉的身貌不扬:瘦小,偻背,面红,□□是希腊式,左目又有点眇。从外表看来,谁敢说他是一位英美驰名的作家,崇拜他的人甚至比之为史蒂文孙,吉卜灵的作家呢。实在,文学者能像高尔基那般高大的骨架有几个呢!

帝国主义与文学原是不相容的东西,英国当代小说大家吉卜灵却是歌颂帝国主义的一位。署名 G.K.C 的散文家吉士徒登当初也曾如此,不过现在已向别方面转换了。

——天津《大公报·小公园》,中华民国十九年九月二十七日(1930 年 9 月 27 日)

随笔(二)

一民

前年死去的哈代翁,他的小说作品内容偏重在女性方面。他所以能秉有这惊人的细腻的抒写女性的手笔,原因便在他幼年在朵尔奇斯特读书的时期中给若干着迷了恋爱的少女写了多多少少的情书。这些情热的爱的记录使他察破了女性的神秘。

法郎士有一句话:"不替妇女们写信是一件错误,这是一位高贵的人所能替她们做的唯一的事情。"法郎士仅仅说过,他的同辈却早实行过了。呵呵。

John Cournos 是一位专译俄国著作者。他在他的新出版的苏俄小说集序言中称今日称霸"普罗列塔利亚"文坛之左祝梨、理定、白倍尔等是一般"Story-tellers",而不是"Novelists",颇有意义。可算将新兴文学的特色露现无遗。

一九三〇年秋日写成

——天津《大公报·小公园》,中华民国十九年九月二十八日(1930 年 9 月 28 日)

青青者译

辛笛

爱

Anatole France 著　尔德重译

生命的警句的断片

我们要人爱；但是当着我们被人爱了，我们不是困恼便是倦厌。

忧愁只有起于不知足与懒惰。

你不能依靠着谁。人,物——的确是虚无。生命是一个久长的奸诈。

所有的书是愚蠢的。但是人们比书更蠢；所以它们是更确切些。

智慧的妇人永远是嫁给傻子的。

恋爱应该是一种乐事。

只有自私者才实在的爱着妇人。

就在青草长满了墓碣时,生命的甜味也感觉得出。

每个虚假的意念是危险的。做梦的人料它是无害的；那是错了；它们做下很大的伤害。显然这最不恼人的实在是致伤的。它们志在使人嫌恶真实。

恋爱的能力,它自己,淡薄了,并且随着年齿渐渐地失掉了,和人们所有的别的气力一样。

恋爱使我们干犯了耻辱的行为。

思想是这世界中唯一的真实。

"神秘"的门户是永远不开锁的。

　　孤居不是一件好事情。它发展成乖戾的本能,那种子早已就种在这孩子里。

　　不替妇女们写信是一件错误。这是一位高贵的人所能替她们做的唯一的事情。

　　和解即工作。

八,十五,一九二九。

——天津《大公报·小公园》,中华民国十八年八月十九日(1929 年 8 月 19 日)

俘 囚

〔英〕高尔兹密斯著　尔德译

当我踱过在豢狮房当中的他的樊笼之前时，他的目光含有一种可怜得和痛苦一般的黯淡的阴影随着我。那尊贵的仪表——他的壮健的气力的可怕，他的宏壮的美的赫奕，长得很合于迅快的跑，美巧的跳，也很合于上帝赋给他的生命的狂喜——是一个不幸的俘囚。他的初入禁锢时的恼怒和痛楚久已死灭了。去回忆这旷远的荒凉的平野，这新鲜的川流，这和煦的阳光，和这清凉的树阴，那不再是深涩的苦辛的悲痛。他对于他的看守者，他对于他的窄狭的笼弄得惯了——也习惯于这天天来窥看他的慵懒的不相关涉的群众。无涯的疲惫是呈在那张有王度的脸上，反抗却消埋了。他听受他的运命。

在他的拘监的两边都是后到的，这新被拘禁者举着快的神经过敏的足步来回地缓踱，做着狂暴的梦想——这栅栏的某处或者可以洞开，他们也就可以重新步进自由的区界。但是他却从生活的判断熟晓了他是一个因犯。绝望了，被压服了，然而永远没有比在他的绝望和战败之中有更多的实存的尊严，他注意这浮动的人群，很冷淡地——这就是他的灰心的一部。揣想，热望，欢乐，——这些永远从他的美丽的眼中萎靡了。生活不容许去握着这样的情绪。即便在别的囚笼里，发生了热感的骚动，表示饲食时的来近，丝毫也不能便（使）他移心到比一种漠然的趣致更多的东西。他拿这大块的肘肉在他的掌握中推着，并且拖它到最远的角落上；至少他要竭力在暗中饱餐着。但是这热望的群众因了他们的粗卤的卑鄙的好奇心，互相紧压着，拥挤着。

可怜的俘囚！在这繁忙的街里，你的模样在陈设着，这引起无数的美评。只是偶时有一个行人，脸上带着同情和怜悯的神气，回避地走开了。因为悲剧，从人类的形态去体察，永远不曾比从这忧愁所掩的羞辱的眼睛去看得更确切了。

一九二九，九，八。

——天津《大公报·小公园》，中华民国十八年九月十二日（1929 年 9 月 12 日）

请醉罢

〔法〕波特奈尔原著　尔德重译

请永远地醉罢。别无他事：那就是唯一的问题。倘你觉不到这时光的重担负在你肩上，压你成为泥土，请尽量地醉罢！

醉以何物？以酒，以诗歌，或以贞德，什么都可以，只要是醉了。

设使有时在宫阙的梯阶之上，在城濠的碧顷之际，或是在你自己房间的阴沉的冷静中，你应该要醒了，这醉意也将从你一半或整个的溜去。问到风，或问波浪，或问明星，或问禽，或问钟，问一切飞扬着的，叹着的，舞动着的，歌唱着的，谈话着的，问现在是什么时辰；于是乎风、波、星、鸟、钟，将回应你："这是应该沉醉的时辰！请醉罢，倘你不愿做时光的殉道的奴隶；请尽量地醉罢！以酒，以诗歌，或以贞德，什么都可以。"

——天津《大公报·小公园》，中华民国十八年九月二十三日（1929 年 9 月 23 日）

港 口

[法]波特奈尔原著 尔德重译

一个港口是疲惫于生命之苦斗的灵魂的蛊惑的住所。天的广大,云的浮动的构造,海的变色,灯台火的光的闪燃,这种种交织了一只三梭(棱)镜,错愕地巧合使此眸子乐而忘倦。船舶的瘦长形和他们的紊杂的绳缆,波涛给以和谐的颤动,为的来持续这节奏的和美的意味。但是,在一切之上,此间对于那不再有好奇心野心的他,更有一种神秘的炫耀的愉快,当着偃卧在尖塔中或斜倚于码头旁的时候,在默默地察着离乡和还家的那些人的行动,仍然有力量去意志,有欲望去浪游发财的那些人的行动。

一九二九,九,二四,早五时。

——天津《大公报·小公园》,中华民国十八年九月二十七日(1929 年 9 月 27 日)

萧伯纳语录

一民 译

※ 倘若作起初供献你自己给那些你所喜爱的人们，你末了一定要被那些你曾供献过你自己的人们憎恨。

※ 我不再追求快乐；生命是比它更高贵得多。

※ 恋爱不能给任何人以新的礼物，它只能使他的与生俱来的礼物增大。

※ 当心哪，那不还你一拳的人；他既不宽宥你也不让你宽宥你自己。

※ "一整个的世界是一座舞台"；仅仅有特权的少数人是被允许在戏幕的后面。

※ 倘使你伤害了你的邻人，顶好不要一半一半地做。

※ 一个人从来没有希望过，他能够永远不失望。

※ "牺牲自己"能使我们牺牲他人，丝毫也不负疚于心的。

※ 狐狸不仅仅宣称他所不能攫得的葡萄是酸的，而且他也主张他所能捕到的比目鱼是甜的。

※ 活泼是求知识的唯一的大道。

※ 发财了；全国将一致称你为 Gentleman.

※ 倘若一个伟人能教我们了解他，我们应该绞死他。

※ 憎恨是怯懦者被恫吓后的复仇。

※ 穷不是一件可骄的事。

※ 只有自助的人才会知道怎样去助人，怎样有关于他们的自

助的权利。

※ 热水是革命家的必需品，作洗刷人心和你的洗刷牛奶桶一样,要痛烫他们。

※ 假如经验能够传授，伦敦的里石也要比最聪明的人们更聪明些。

一九二九,九,二十五,早

——天津《大公报·小公园》,中华民国十八年十月一日(1929年10月1日)

镜　子

〔法〕波特奈尔原著　尔德重译

一个丑陋的人走进来,对着镜子照他自己。

"你既是睹见你自己徒然不快,你为何还照镜子?"

这个丑陋的人回应我:"先生,依据一七八九年不朽的原则,凡人类都有平等的权利;所以我有谛照我自己权利;至于快意不快意,那只是关涉我内心的事。"

在常识方面看来,我一定是对的;但是,从法律的立场上说,他是不错的。

一九二九,九,二九,晚八时

——天津《大公报·小公园》,中华民国十八年十月二日(1929年10月2日)

昧　性

柴霍甫原著　心笛重译

一位漂亮的太太半倚地坐在一辆头等火车上的红丝绒的座位上面。一把很奢贵的麈毛扇子在她的紧靠的手指里波动着,一架夹鼻眼镜下垂在她的小而正真的鼻梁上,胸针在她的胸前起伏着,像一只在海洋中的小船。她是大大的在困恼着。

座位的对面坐着特别委员会的省秘书,一位年青才茂的著作家,他时时在省里领袖的杂志中发表描写贵族生活的长篇小说——名曰"Novel"。他直向她的脸注视着,拿一种赏鉴者的眼光一心地注视着。他留意着,研究着,攫取着这特别的暧昧的性情的每一侧影。他了解它,他推测它。她的灵魂,她的整个的心灵陈在他的前面揭开了。

"哦,我了解了,我了解系直到你的至内的隐衷!"这特委会的秘书说着便吻她的手近腕镯的地方,"你的锐感的唱和的灵魂是在求逃脱了——的迷乱。是啊,这种奋斗是可怕的,却是伟大的。但是不要胆怯,你将获到胜利啊!诚然啊!"

"请关于我写一篇,窝尔第迈尔!"这位漂亮的太太带着惨笑说出,"我的生命是这样的复杂,这样的变幻,这样的折磨。尤甚的,我是不快乐的。我就是陀斯妥以夫斯基的撰著中的一个受苦的人物。把我的灵魂宣露给世界吧,窝尔第迈尔。宣露那不幸的灵魂啊!你是一位心理学大家。我们在这火车中相处不到一点钟,而你便已看破我的心事了!"

"告诉我！我求你告诉我！"

"请听。我的父亲是一个事务所的穷书记。他有一颗好心，也不是没有知识的；但是这时代的——他的环境的——精神——你明白罢？——我不责备我的可怜的父亲。他酗酒，赌博，使贿。我的母亲——但是何必多说呢？贫寒，糊口之计，下贱的自觉——唉，不要逼我追忆她罢！我只有努力上进。那附有宿舍的学校的畸形的教育，愚笨的小说的诵读，童年的错误，头遭儿的恋爱的胆小的慌忙，你都是知道的。那是可怕啊！心旌的摇曳！和在一人自己的生命上失掉了忠实的恼闷！呀，你是一位作家。你是熟晓我们妇人们的。你将了解了。不幸的，我有一种激烈的性情。我追求快乐——但是什么快乐呢！我渴望着解放我的灵魂。诚然，我曾在那里面看见了我的快乐！"

"妙人哪！"这位著作家不平地说，又吻她的手靠近这腕镯的地方："我吻的不是你，只是人类的受苦。你还记得瑞斯奇尔尼可夫和他的接吻？"

"哦，窝尔第迈尔，我渴望着荣耀，名誉，成功，好像每种——为什么还羡慕贞淑？——每种天性都超于平庸之上。我渴望着优贵的地位，要越过妇人的一般命运！以后——以后——一个老将军——境遇颇佳——阻碍了我的前途。了解了我了罢，窝尔第迈尔！那是自暴自弃！你必须看到这一点！我不能做别的事。我要重新光大门庭，只可去游历，去从好处做起。然而他的抚爱对于我直是叫我何等受罪，何等激怒，何等嫌恶——虽然我要好好地对他——他曾在他的岁月中堂堂地奋斗着。这是时候，可怕的时候，但是我总是这样想这位老人日后一日终久是要死去的，那么我就可以开始我的随意的生涯，把我自身献给我所崇拜的那一个人——是快乐的。世间是有这样一个人的。窝尔第迈尔,的确是有的!"

这位漂亮的太太更使劲地摇动她的扇子。她的脸呈着一种要落泪的模样。她继续地说:

"但是这老人终于死了。他遗给我一点薄产。我是和天空中的飞鸟一样的自由自在了。现在正是我应该快乐的时日,不是吗,窝尔第迈尔? 快乐来敲我的窗牖,我只得放它进来! 但是——窝尔第迈尔,我哀求你细听呀! 现在正是我应该献我自己给我心爱的人的时候,做他一生的伴侣,去襄助,去鼓舞他的理想,以致于快活——寻求安乐——但是——我们的一生是何等的寒贱,憎厌,懵懂啊! 那是何等的卑鄙。窝尔第迈尔。我是薄命的啊,薄命的啊! 更有一层障碍在我的前途了! 我更觉着我的快乐还远呢,还远的很呢! 唉,什么样的痛苦呀! ——倘你能知道什么样的痛苦呀!"

"但是什么——什么站在你的前途呢? 我恳求你告诉我! 那倒(到)底是什么?"

"又一个老将官,境况也颇佳!"

这把破扇遮住了漂亮的小脸。这位著作家用他的拳头托住他的深锁不展的眼眉,带一种心理学家的气味思索着。汽笛在长啸着,在呜呜着,当着窗帘涨满了落日的红辉。

一九二九,九,二四,午译意

——天津《大公报·小公园》,中华民国十八年十月十三日
(1929年10月13日)

莲 花

〔德〕海涅原作　尔德试译

莲花憔悴了。
在永昼之光的灿烂之下；
头曲而低垂，
凝梦着，她在候宵夜。

月，是她的爱人，
探它的清光唤醒了她；
她也怜爱地翘起，
她的那般雪白的容颜向它。

她吐萼了，灼热了，闪光了，
悄然上愕：
她叹了，而泣了，而战栗了。
由于爱和爱的苦痛。

　　小志：诗本不可以译，译之已煞风景，重译之诗更不足再译，而译之，是乃大煞风景；蠢蠢的我直不能译，而终译诗，再译此重译之诗，是直太煞风景。惜哉海涅乎，"象牙长在狗嘴里"！晚间适读此诗，顿生缠绵之情袅袅，反复三四，不能自已，遂报颜译之，以求快哉之兴，故其译笔之劣与此诗曾否有人译成中文，似皆非我之初计;然固愿读者抛砖引玉,自去找原本读也。

——天津《大公报·小公园》, 中华民国十八年十月二十八日
(1929 年 10 月 28 日)

法郎士的警句

尔德译

※ 快乐是安定后的欢娱,欢娱好比是一滴水;快乐好比是一颗金刚石。

※ 政治家和野马一样,他们没有眼罩不能适当地前走。

※ 十八世纪是小说的黄金时代。那是正当每人用哲理和心力来诉述故事的时候。

※ 恋爱将与世界共存。

※ 意志和本能是天秤(平)之两盘,那(哪)一个多重载些便下沉了。

※ 生命是艰难的,于是一个人常常需别人的臂助。

※ 在天晓的时候这颗心所触起的心念是神圣的,或者在信仰或恋爱的黎明期中它大概也是如此。

※ 忠恳地爱着的恋侣是不写下他们的快乐。

※ 知识是什么都没有;想像是什么都有。什么都不存在除掉了那所想像的东西。

※ 各个人各自地在梦着生命的梦。

※ 希望使我们活泼着。我们生活在明天的事体的期待之中。明天,仙土之王,将带来他的黑色或蓝色的外套,绣着花,星,和泪。

※ 人世像个妇人。她不要你畏缩也不要你残忍。

一九二九,十,二三,晚译

——天津《大公报·小公园》，中华民国十八年十月二十九日
（1929 年 10 月 29 日）

俄　谚

尔德译

※ 最恶劣的白兰地酒是比白水好的。

※ 去法庭的路是广阔的,离开它的路是窄狭的。

※ 就是在淹溺时,一个人也需要友伴。

※ 设如你的妻是一只六弦琵琶,你在弹玩之后能把她悬在一旁。

※ 一个麻雀是渺小的;仍然,它是一匹鸟。

※ 一匹狗是比一位妇人更聪明些,因为它不反噬其主。

※ 好的运气离去——像你的毛发;坏的运气留下——像你的爪甲。

※ 一打斧子可以搁在一起,两个纺锤必须离开。

※ 老鸹无因不鸣。

※ 饶恕这农夫你的鞭挞,而非他的卢布。

一九二九,十,二十五,晨。

——天津《大公报·小公园》, 中华民国十八年十月三十日
(1929年10月30日)

法郎士的警句

尔德译

※ 理性很少存在一般人的心中,在大人物却是更少。

※ 只有不留心女人的人对于女人的衣裳深感兴趣。至于喜她们的人却毫不注意她们穿了什么。

※ 娴雅的举止之对于眼睛恰如音乐之对于耳朵。

※ 时光柔和地款待那些柔和地消费它的人。

※ 无论一个人做什么,他总是寂寞地在这世界的中间。他尽可以总在解释自己,但是他永远不会为人了解。

※ 一个女人必须拣择。嫁一个妇女喜爱的人呢, 她永不会休息。嫁一个妇女不喜爱的人呢,她永不会快乐。

※ 恋爱是一种下流的热情。她搅乱了理性,毁灭了高尚的冲动,排遣了最升华的理想而降到卑鄙的用心。在一颗有理智的心中她没有丝毫的地位。

※ 你能常常看着譬如你的或者我的一扇门———一扇简单的油漆的木门,在想到任何时刻都有进来的可能的访客,不充满着恐怖与寒颤么? 我们居所的门是开向着"无限"的。我们几曾晓得那进到我们的住宅的,像个人样的,呈着一张熟悉的脸面,穿着平常的衣服的他或她的名字么?

※ 雇佣别人去奴颜婢膝地做我们能够自己在尊贵的自由中完成的事是不对的。

※ 人们老早就像他们今天的这等模样,自私,横暴,贪污,残

忍。不幸的人老早就被法律和习俗暴戾地凶狠地待遇下了。

※ 不幸是我们最大的主宰，也是我们最好的友人。它教给我们生命的意义。当你担受苦痛的时候，你将经你所应该经的，你将信你所应该信的，你将做你所应该做的，你将是你所应该是的。于是你就有那消失了欢娱的愉快。愉快是羞嫌和不曾加入宴席中的欢喜。

※ 天才是命定的和不义与藐视碰面。

※ 应当诚实是富人分内而不是穷人分内的事。

※ 唯有过去是真的。唯有过去是存在着。

——天津《大公报·小公园》，中华民国十九年十月十五日 (1930 年 10 月 15 日)

古埃及的夜境

E. Goitein 作　王馨迪译

在亚力山兑尔的摩罕默德·亚利咖啡馆中,我正呷着咖啡。留声机在哽咽着一种沉重的爱之歌。这歌至少在二十年前已经使人消失了全部的热情。咖啡馆已是满座了,但是还有空桌位。我不曾饮了多时,走进一位穿得很干净的绅士。他把一只单眼镜放到他的右眼上环顾馆中,再放到左眼看了看。我不知道是否他看见我没有,但是他径直来到我的桌前,向我点点头,便坐了下来。

"我可以代你叫点东西吗?"他操着英语说。

"对不住!我不要了——谢谢,"我说。自觉大吃一惊。

"我要用点咖啡和莴苣,或者再要一点别的东西。等等看。"

"你是做?"我说。

"我是买卖摩托车的,我是很大的生意。所以我每当累的时候,要用点小食。"

"对极,对极。"

"今天我却有一件困难的事体。我的妻,她跑开我了,她是法国种,我是属拜奥特的。我的姓名是爱波瑞罕姆·门朵查。利文特地方的世族出身。我没有一个人可告以我的苦难,但你外貌像是很富于同情的。我于是要向你披沥我的心衷。跑堂的!唉,他是不懂文明国家的语言啊。"他说着亚拉伯语,叫了他所要的。那跑堂的冷笑着用流利的法兰西语答话。爱波瑞罕姆·门朵查又戴起他的单眼镜,向我说道:"你或者要奇怪为什么倘若我在心中有一桩非常的忧愁,而我还依然吃喝呢。那理由便是我必得设法活着。我的买卖是需要我全部的思量和气息……但是我说到我自己太絮叨了,你大概娶了亲了罢?"

"我没有。"

"上帝是仁慈的呀!"

瞬刻之间他没有说什么。我呷着我的咖啡。那留声机更可怜地哀唱着。

"听听音乐是很好的。"门朵查先生开口了。"在这些不开化的地方是没有音乐可以适合一只文明的耳朵听的。当我在巴黎的时候,每天夜里我都往歌剧场去。我的妻——但是她从今便不是了——她高兴听这个,并且增进了我的嗜好。我很喜欢蒲克钿连(注一);你是怎样想法,请说?"

我告诉他我对于蒲克钿连的如是观。当我正在告诉他的时候,一张托盘满满地盛着各式各样的菜碟来到了。

"这些橄榄是为你要的,"他说。"我喜欢你的同情心——你必须和我吃。这是小一点的面包不大新鲜但可以吃。唉!你关于蒲克钿连和我同意,那就好了。但是我不很看得起我们的卫格勒(注二)。你知道我听过他的《费家罗的结婚》(注三)。我……"

我极其谦逊地说道:"你不是说的卫格勒——是吗?"

"不,不,不。对了。对了。我是说的卫格勒,但不是《费家罗的结婚》,沉一沉我告诉你它那名字。"他想着同时又吃着莴苣。"我想到它那名字了。《荷兰国的航海家》。(注四)"

"《航海的荷兰人》?"

"是的!是的!我想了它半晌了。我的妻说它是太日耳曼化了。我同意于她因为她有丰富的音乐的知识。你对于卫格勒和我同意么,请说?"

"我是很爱卫格勒的。"

"好。那就是了。你有马匹么?"

"我没有。"

"我的哥哥是个富翁,他很喜欢赛马。一切盖伊欧的竞赛,我的哥哥是与马俱在的。他曾赢了许多笔的钱财。你还记得什么时候蓝彼得赢了吧?那就是我哥哥的马。这匹马是他从一位英国的贵族买来的。他的马从它的父母那方面带来一段奇巧的历史。倘若你到盖伊欧去,我给你一个介绍到我的哥哥。"

"谢谢你,我却是刚从盖伊欧来的。"

"好,那就是了。你怎么不吃呢?请。"

"谢谢。我实在——"

"他们绝不向你讨账。一定归我会钞。"

"我并非想到那个,但是——"

"好的,那就完了。你的议会进行怎么样?"

"很好,谢谢你。"

"你自然是一个保守党党员喽。"

"不一定。"

"在一个议院里如有激进的分子是不好的事。保守党正是相当的人色去治理。他们有一切的历史在他们后面。那般激进之辈只是给任何地方带来了破坏,因而他们污毁了事业。即便当他们占了优势时,什么也做不出来。鲍尔温德先生(注五)——他不是一位稳健的人物么?除去了好以外,我看不出他有什么别的。他是很受人民爱戴的!——他不是么!"

"他却不是不孚众望的。"

"英吉利人民的心是纯正的。我对英人生出大大的尊敬,我绝不是因为我的意识告诉我如此如此。我的妻的姊姊在她死之前嫁给一位英国人。呵!或者你有心要看我妻的像片?"

他从衣袋中掏出一方值钱的漂亮彩色的手帕,揩拭了他的手指,拿出他的皮夹,从那里取了一张含笑而微胖的太太的肖像。

"我的妻,"他自骄地说,并且当我正在看着一面在夸赞着的时候,他用一种着力的口吻续道:"爱波瑞罕姆·门朵查的太太。"

"一张很漂亮的像片,"我说着——那是实在的。

"唉,你称赞她!人人都在爱她呢。但是今天我却因她而有一层沉重的忧愁,我想她在恼我了,我不想责备那件事。我不知道是否那不是别人和她逃走,设若是那样,我便是被摧残的人了。我要死,我不再活了。我一定要枪毙那家伙,但是我的家族恐怕不愿意那样做呢,我很尊敬我的家族。"

我归根结局实在受够了这位门朵查先生了,接着饮干了我的杯,我说:"好了——我希望你的忧愁——是——是——只是暂时的哩。对不住我必得要走了,夜安。"他立刻拿他的丝手帕揩了他的嘴,推开肴食,站了起来。

"我想陪你走一程,"他说了。我茫然惊奇地凝视着。

跑堂的正要递给我一纸账单,门朵查先生就从他手内抢过去,操着我从未听过最漂亮的亚拉伯语说:"你这杂种,你这天生的傻旦(蛋)的儿子,你这瞎羊,你这老糊涂的驴子的弟兄,你这鬼附着的倔强的蛮种——你不给我反给我的主顾账单么?你真要我给你们这生意重重教训么?你这废物旦(蛋)的理发匠?"

我极度欢喜地听着这段骂词。那跑堂的十分冷淡地听着。直到他被叫做一个理发匠,这好似大大地激怒了他。

"要我把你向经理报告,"这跑堂的用他的波斯化的法国语答着,"因为骂我,侮辱我——在这位绅士之前?你可以叫我作理发匠,先生,但那是一种侮辱啊。"

"我必须谢谢你,门朵查先生,"我说。"但是你绝对不要给我会账。"

"好了,你总有时候代我会的。"

他会了他的和我的账,于是,他仿佛很惶恐般地,伴我走了几码地,我们一直走近他的车子。

"那(哪)一个是你的旅馆?"他问道。

"你真的可以不必想让我进去的。"

"你必得进去,请。你是如此的富于同情——你已经救我脱离好些凄凉的境况,倘使我不遇见你,我许会自寻苦恼。你使我的心从忧郁中得到解放。"

一种同情之貌呈现在我的脸上,我踏入他的车了。

在我的旅馆门前我向他道谢他的盛意,并告诉他不论何时倘使他来到伦敦,我定欢喜地去看他。我却未把我住址给他。

"请等一忽,"他说。"你刚才坐的那辆车费了我八百金镑。我只要卖给你五百金镑。我并不是向你兜揽买卖——但我有一件重大的忧愁在身。倘若我卖这辆车有了五百金镑,我即能花这时间和这笔钱去寻找我的妻子,带她回来……这是一辆漂亮的车哩。仅仅五百金镑……"

注:

(一)蒲克钿连(Puccini)(今译普契尼,意大利歌剧作曲家)系音乐家名,但未审为何国人,是否为怀娥铃大家 Paganini 不敢定。

(二)卫格勒(Wagner)(今译瓦格纳)为德大音乐家,生于一八一三年五月,死于一八八三年二月,以著歌剧名于世。

(三)《费家罗的结婚》即"Marriage of Figaro"(今译《费加罗的婚礼》,歌剧作者系莫扎特)。

(四)《荷兰国的航海家》即"The Flying Dutchman"(今译《漂泊的荷兰人》)之误名,为卫格勒(今译瓦格纳)所著之一歌剧名。

(五)鲍尔温德(Balwind)即 Baldwin 之误名,英国保守党党魁。

译者附记:

本篇小说原载在一九二八年十一月十日发行之 New Statesman杂志,今译者系由"Best Short Stories of 1929—English"一书中译出。全文抒写一卖货商人的狡狯伎俩,更逼进一层衬托出英人一般的心理,充溢着幽默意味,短峭(俏)可喜。至于作者生平大略如下:葛埃金氏系一英籍犹太人,以二十世纪之第一年生于伦敦。初受教育于伦敦城学校,一九一八年后在伦敦经济学校专攻政治科学一门。继执律师业,后始改写小说,现仍在伦敦生活。总之是一位新进的英俊作家,——至少在中国前此是不知名的。

一九三〇,三,十二,译完并记。

——《南开双周》第 6 卷第 4 期(1930 年)

旗 号

[俄]迦尔洵原著　心笛译

　　西门·伊凡诺夫是一个铁路上的巡查,从他的巡守房到最近的车站一面有十二个味斯突(注)远,另一面只有十味斯突。约有四味斯突远近,这里有一所去年开张的大纺纱厂,它那高耸的灰黑的烟突隔林可见;比这更靠近一点的,除去些像他住的那样的巡守房,别无房屋。

　　西门·伊凡诺夫是一个体弱多病的人。九年之前,他曾服侍一位官长一直跟他到战事完结。他曾受过饥寒,他曾炙过太阳,他曾在风霜炎热之中行军四五十味斯突,他也曾遭敌人攻击,但是,感谢上帝啊,没有一颗子弹触着他! 这支兵团曾在前线一整礼拜,其间他们和扎在一条窄狭的深涧的对岸的土耳其人不断作固定的交火;从早入夜战斗永未停过。西门的上官也是在前线上。一天三次西门从在山涧里的军用厨房带给他一壶热茶和他的饭食。他必须提着茶壶走过空旷的平地,弹子嘶嘶地围绕他响,更射到石上发出急鸣。西门吓得直哭,但仍然向前走。这些官长们都喜欢他——他们永远有热茶喝。他安全地从战役回来,但他的四肢时时苦痛。自此他备尝了不幸了。他归家时他的老父死了,他的四岁大的儿子也染了重喉症死了。西门和他的妻孤伶地存在着。田地里的工作大大不顺手——那怎能够呢? ——用肿胀的腿膀去耕种是很困难的。末了他们不能再在他们的乡里忍受这种境况了,于是走向异地。碰运气去了。西门和他的妻在顿河上的卡尔珂夫城的铁路谋事。他们没有那(哪)一处走运。以后他的妻有了业务而他仍继续在四方流落。有一次他必须搭火车去旅行;他注意到一小车站,仿佛熟悉这站长似的。西门觑着他,这站长也觑着西门。他们互相认出;西门知道那人就是在他的兵团里的一位官长。

"你是伊凡诺夫么?"他问道。

"正是,将军,我就是。"

"你怎么跑到这里来?"

西门告诉他始末。

"你现在往那(哪)里去?"

"我不知道,将军。"

"傻子,你说你不知道是什么意思?"

"正是这样,将军,因为我无地献身。我必得走去找点工作,将军。"

这站长向他看看,沉思一下说道:"看罢,朋友;暂时在这站上住几天,我想你是成家了吧? 那(哪)里是你的妻子?

"正是,将军,我娶了亲了。我的妻是在喀尔司喀给一个商人打杂。"

"好罢,你就写信给你妻叫伊到这里来。我将替伊弄张免票。有一所巡查的住房不久便要腾空出来。我把你和你这段的头目说一声。"

"我是极为感恩戴德,将军,"西门答道。

所以他在这站上留下了。他在站长的厨房里帮忙,劈伐木柴,洒扫庭台。在两来复间,他的妻到了,于是西门带了他们的什物坐着手动车往他的巡守房去。这宅巡守房是崭新的而且很温暖,还堆积着许多木柴。另又有一所前主人遗留下的小菜园和在铁路旁相近半英亩的可垦种的田地。西门大喜,他登时便思索他应当怎样去耕种这块地和购买一匹母牛和一匹马。

他被发给所有的他的工作上的必需的物件:一张绿旗,一张红旗,一盏手提灯,一个号筒,一个鎚头,一个螺旋钳,一个尖头铁挺,一个铲子,一个扫帚,系钉,和弯脚钩;他还领到两个书本——规则和时刻表。起初西门在夜间不能睡觉——他只是念那时刻表;假使火车在两点钟之内准到,他必定把他的辖区查察一番,然后在靠近他的房子的板凳上坐下,注意着,静听着是否铁轨在震动——是否火车的响声不能听见。他死念着那些规则;虽然他只能拼出每个字地念着,他计划把他们全读熟了。

那时,正是夏天,工作很轻松;没有雪扫。在那条铁路上火车的次数也是很少,所以西门在他的职务内一天两次,走到一味斯突远近的地方,零星地扭紧了螺旋盖,铺排好了路床,视察水管后,返回他的房屋去孜孜于他的田地的耕种。但是在他的家事上有一层阻碍:无论何时他想有什么举动,他必须请求路头的允许而这路头也必须给这段的头目作一报告,但是在他的请求得到允许之前,这做这工作的时间已经耗过去了,西门和他的妻起始觉得乏味了。

两月过后,西门开手来结识他的邻近的巡查。有一个是年耄的人;关于他的调补的事有一个永久的谣诼,因为他很少走出他的屋子;他的妻惯于替他照顾铁路。另一个巡查,更住近车站,是一个颀瘦而有膂力的小伙子。西门首次在铁道上正当他们两个辖区的相触点处碰着他。西门脱帽鞠躬,说道:

"祝你安好呀,好邻居。"

他的邻人斜目看着他。

"您好呀?"他答说着,转身便走开了。过些时候,他们的妻子也遇面了。西门的阿云那问候这邻人的妻子;伊也说不数语走开了。西门一次遇见伊说道,"那是怎回事? 年青的妇人,你的丈夫不好谈天? "这年青的妇人起先是沉默,移时便说:"但是他和你谈什么呢? 各人有他自己的事务……你去你的路。"

然而不到一个月他们成了朋友了。当西门和卫司利在铁路上一遇见,他们便在坝上坐下,点起他们的小烟嘴,互相谈诉着生活的情形。卫司利大半是沉默着,而西门却关于他的乡里和那场战役喋喋说个不休。

"我在我的生活中有的忧困不是一个小的,"他说道,"只有上帝晓得那已不是一个长久的了。上帝没给我幸运。上帝布施什么命运,那必是什么。那就是这样,弟兄,卫司利·司台潘连克。"

卫司利·司台潘连克敲出他的烟筒的灰在铁轨上,站起来。

"那不是上帝给与我们的命运, 阻抗我们乃是人群,"他说道,"世间没有比人类更凶坏的肉食兽,狼犹且不食狼,而人却要活吞人。"

"不对,弟兄,狼是吃狼的,你不能否认! "

"念头一到我心中我就说出来。虽然,世间仍没有更残酷的动物。倘若一件东西不惹人的厌和贪的它还能生活着。每个人都候着一个机会来活捉你,攫取你的最后的一口吞下去。"

西门反省一下。

"我不知道,弟兄,"他说道。"或许那是如此,但是即使它是的话,也是上帝主使它的。"

"倘若是这样,"卫司利答道,"那我们无话可叙。倘若我们把件件不义的事都推在上帝身上,只是安坐受苦,我们便不是人而是畜类了。这是我所说的话? "

他转身便走了,没道一声再会。西门也站了起来。

"好邻居,为什么你向我咒骂?"他在他后面呼喊着。

他的邻人并不回头。西门站着看他,直待他在沟中到拐角处看不见了,于是他回家去和他的妻说:"好阿云那,我们得着一个太好的邻居:他不是人,他直是一个毒心的畜生!"

然而,他们并不曾口角;他们不久又遇到了,坐下谈论和前日一样,永远在这同一的题目上。

"好罢,朋友,假若那要不是指那些人说,你和我必不安居在这些巡守房,"卫司利说。

"巡守房又有什么关系? 它们并不很糟,你总能住在里面。"

"你总能住在它们的里面,你总能住在它们的里面! 那是你说的话! 你活了那么大才得着这一点,看过很多但懂着几何! 在巡守房里或是别的地方的一个可怜的人是有什么样的生活? 他们将生生地吃掉了你,这般吸血的人! 他们将从你搾出最后的一滴血,并且当你衰老了,扔去了你,像是专给猪吃的垃圾! 你得到什么工价?"

"够少的呀,卫司利·司台潘连克;十二个卢布。"

"我呢,十三个半卢布。告诉我缘由。按公司的规则我们应该得一样的工资:每月十五个卢布,电灯燃料在内。谁命令我们,你和我,应该拿十二个或十三个半卢布? 先让我问问你这回事? 但你却说一个人可以用这生活着! 你要明白,这不是一个半卢布的问题,或是三个卢布——即使他们付给我们十五个的全数! 上月我才在这站上当局长经过的时候,我也看见他。他受了各种的礼遇。他乘着一辆专车出巡:他出车来就站在月台上……好了,我将不在此久干。"

"你将往那(哪)里去呢,司台潘连克?不要再多事罢!这里你有一所房子,你是很饱暖的,你又有一块田地和一位能操作的妻子。"

"一块地!你真看重了我那块地上面连一颗嫩芽都没有。去年春天我种些蔬菜。路头来到这里:'这是什么意思?'他说道。'你曾请求过么?你曾得到了允许了么?立刻把它掘出去,分毫不准留下!'他是醉了。别一次他并没说什么,但是这回触动他了。……'三个卢布完事了!'"

卫司利安静地吸他的烟,又说道:"更甚一点,我直要鞭死他,"

"好了,好了,邻居,我告诉你,你是很激烈的。"

"我不是激烈,我不过想到事实就说出来。他仍可致损于我的。我真埋怨这段的头目。"

他埋怨了。

一次这段的头目来视察这条路。三天以后,某某重要人物恐怕要从圣彼得堡路过这里;所以在他们抵站之前,各事各物都须料理。床石加添在需缺的地方而且弄平了,枕木被考察了,连结处也用鎚子试过了,螺旋母更扭紧一点,站所油漆新(刷)了,又道上也撒满了黄沙土。这老的巡查的妇人强逼伊的老夫出来芟除杂草。西门做了一礼拜的苦工,才把各事料理妥当。他修补了他的长衫,把它洗干净,甚至他的铜盘,他也用砖屑磨它直到它照得灿烂发光。卫司利也劳苦地工作。这段的头目坐着手动车到了;四个工人扳动这手机,这机器一点钟走二十味斯突,车轮便要呻吟了。它直冲到西门的巡守房。西门跑出来,像一个军人样作他的报告。各事都井井有条。

"你在这里干了多少日子?"头目问道。

"从五月二号才来,大人。"

"好了。谢谢你。谁在一百六十四号住？"

路头跟着他在手车上，他答说："卫司利·斯泼瑞顿诺夫。"

"斯泼瑞顿诺夫，斯泼瑞顿诺夫……？呀！那和去年被重斥的人是一个家伙么？"

"是的，是一个人。"

"呀，好了，我们看看去。开走。"

这些工人起始扳动手机。这手车开动了。

西门留神这件事，想着，"他们将知我的邻居找麻烦哪！"

大约两点钟以后，他四处溜风。他从沟道方面看见有一个人沿铁路走。头上仿佛戴着白色的东西。西门看得很注意——那人就是卫司利；他手内拿着杖，肩上带着小包袱，他的面颊结着一块手帕。

"你那（哪）里去，邻居？"西门对他喊出来。

卫司利走到十分近；他的脸歪扭着，白得和粉笔一样，他的眼睛很凶野；他试着说话，但是他语不成声了。

"我预备往城镇——往莫斯科去——往总局去。"

"到总局去……啊，啊！我想是诉苦去罢？丢掉它罢，卫司利·司台潘连克，忘掉它罢！"

"不，弟兄，我永不忘掉它。现在忘掉是太晚了。请看，他打我脸上——打得血都出流了。一日我活在世上，一日我不会忘掉它，我不能随它这样完事！"

西门牵着他的臂膀。

"随它去罢，司台潘连克；我忠告你：你将无益于事的！"

"求益于事吗？我熟知我不能有益于事的！你所说的关于上帝的命运是实在的。我为我自己最好是不做它，但是一个人必须坚持着正直，老朋友。"

"它怎样发生的！他考察件件事物，下了手动车，走进了屋里。我早就知道他要在件件事物上吹毛求疵，所以我把它们都放置得很恰当。他正预备走，当我要诉我的苦时，他便向我呼喊；他说道，'这是一个政府的巡查，而你却抱怨你的菜园！这是枢密院顾问官的公事，而你却絮叨你的菜蔬！'我忍不住说一两句话——并不多，但这好像触怒他了，他便照脸给我一掌；——我立在那里直似那应该是那样子的！他们走去了，我才苏活过来，洗了我的脸，便动身了。"

"这巡守房怎样办呢？"

"我的妻子是在那里。伊可以照料妥当；此后我也再不问到铁路和他们的事了。"

卫司利振作振作，预备动身。

"再会，伊凡诺夫。我不知道是否我能得着对于我的公平。"

"你不是想徒步去么？"

"我将打听车站，好趁一趟货车。明早我将到莫斯科了。"

这两位邻人互道了别，卫司利动身了。他有许久时候不见着了。他的妻不论黑夜白昼做他的工作，也不睡觉。伊候得伊丈夫疲乏极了。在第三天检查使的火车过去了；这是一辆机车，一辆行李车，和两辆头等车。卫司利仍然不在那里。在第四天西门遇见他的妻。伊的脸哭肿了，伊的眼皮涨红了。

"你的丈夫回来了吗？"他问道。

这妇人只是摇伊的手，不作声响，径自走伊的路。

西门在小时便会怎样用苇条做成笛子。他从棍杆榨出树心，钻了必需的洞眼，在尽头处再加上一个管嘴，于是它可以叫你能在上面无论吹弄什么都很悦耳。他在闲暇时做了一大些笛子,托一个他认识的货车上的车守带到城镇去,在市场里他每根得到两个戈比。在检查使走过后的第三天,他嘱咐了他的妻子等候六点钟的晚车,自己拿着一柄刀到树林里砍伐枝杆好来做他的笛子。他去到他的辖区的尽头——在这处铁路拐一个尖湾(弯)——走下了土坝进到森林里了。更约有半味斯突的距离有一大大的泽地,靠近它作笛子用最好的芦杆到处都是。他砍了一捆转回家去。他经过树林;日头已经斜沉了。这里是死一般的静寂;你只能听到小鸟的啁哳和脚下干叶的沙沙声。西门又走了一程,快到铁路线了;他仿佛听一种金属相震的声音。西门走得更快。在那段的铁路并没有什么修理的工作呀。"这是怎回事?"他想着。他离开了森林的边界,就看见铁路的坝在他前面,有一个人在铁道上蹲着在做什么事。西门潜行近他;他想这人必是来偷螺旋母的。西门静观着。这人站起来;他手内拿着一个尖头铁挺,他把它插入一条铁轨下,使它向一边移动一点。西门的眼昏黑了;他要喊但是喊不出来。他一看那是卫司利,就奋力向他跑去,但是卫司利却拿着他的铁挺和螺旋钳,冲下坝的那边去了。

"卫司利·司台潘连克! 老朋友! 弟兄! 回来! 给我铁挺! 让我们把铁轨弄好——没人知道。回来! 从罪过里救起你的灵魂啊! "

卫司利不回来,窜入森林去了。

西门在散脱的铁轨前站着,他扔下了他的苇捆。快到的火车不是货车,乃是一列客车。他无从停止它,没有旗号。他又不能空手把铁轨修复或是推合连接处。他必须跑到某处,他必须一定跑到他屋里拿器械去。上帝,救救我们罢!

西门喘着跑向他的房屋。他又跑又想,刻刻他要跌倒。他奔出了树林;只有二百码的远近便到他的家了。工厂的汽筒响了——这时正是六点。六点过二分火车准到。上帝啊,救救这群无辜的人们啊!西门幻出了一切:这机车驱动它的左轮在那松脱的铁轨上,颤动了,欹侧了,破裂了铁轨,粉碎了枕木!此处正是铁路的拐角的地方;这堤坝峭直下去有二十五码高低,于是在这列火车里——在这三等车辆里——妇女和小孩拥挤在一起……他们现在都安然坐着,万料不到此!上帝,教我怎么办呀!——不,无论你何等快法,也不够跑到屋子和回来的工夫……!

西门不跑向屋子去,转回来,跑得更加倍的快。他几乎无主地跑开了,下一分钟所要发生的什么事都不知道。他跑到这松脱的铁轨旁面(边),这里他的苇杆躺成一堆。他弯下了腰,拾起——他不知道为什么——更跑远一点。他幻念着他听到火车来近了,他听见一声远啸——铁轨和缓地振动起来了。他没有力气再跑远些;他在距离那危险的地方二百码间站住了。在那时刻他忽然心血来潮。他脱掉他的帽,从其中拿出一块棉布手帕,拔出他的在他的高统靴中的刀,在自家身上画个十字——"上帝佑我!"

他把刀刺入他的在肘以上的左臂;血迸射出来,流了一条热流。他用血染湿了手帕,弄平了它,展开它来,结在芦杆上,举起——他的红旗。

他站在那里摇他的旗;他已经能看见这火车。司机手没看见他;这列火车将要来近了,但是在两百码间一个人是不能停止一列沉重的火车的!

他的血流出更多更多;西门紧压他的伤口在他的肋胁处,想止住它,但是血止不住——臂上的伤太深了。他觉着头晕;黑点在他眼前跳舞……渐渐它变成十分漆黑了……只有铃声在他的耳里。

他不能看见火车或是听见它的嘈声——在他的心中他只有一个念头："我将不能站着了……我将要倒下了——我将要落下旗子了——火车将轧过我——救我呀,美善的上帝,快来救助……"

他的眼渐渐呆钝了,他的心茫然了,他落下了旗子。但是这张血旗未待落到地上,便有一只人手抓住它,对着来车高举起来。司机手看见它就关下闸,引擎倒退,火车便停住了。

客人都跳出车,挤在一起,他们看着一个失去知觉的人,躺在血泊中;别一个站在他的近旁,擎着一块结在苇杆上的血染的破布。

卫司利(在)四面注视他(时),低下他的头。

"捆了我,"他说,"是我松开了这条铁轨。"

注:味斯突 Verst 为俄里。

——《国闻周报》第 7 卷第 23 期(1930 年 6 月 16 日)

农　夫

莫泊桑著　一民重译

特来尼男爵曾对我说："你肯到我马伦味勒的农场，同我一起去开始这狩猎的时季吗？你一定会叫我欢喜，好汉子。而且我是孤单的啊。那猎地的四周是那般的不平，那所房子也是简陋，使我只敢带我最知己的朋友去呀。"

我应诺了。

于是我们在星期六动身搭了到挪门德的火车。在阿味麦车站我们下来，欧来男爵指给我看一辆乡下的轻篷马车——套着一匹易惊的马，一个高长的白发的农夫驾着——说道："瞧瞧我们的车，我的朋友！"

这人伸出一只手给他的地主，男爵就很亲热地握了它说："好呀，勒布卢芒管事，怎么样呀？"

"总是那样，爵爷。"

我们登上了这个在两只大车轮上面悬架着并且摇动着的鸟笼里。这少壮的马在猛烈地惊跳之后，就奔跃前进了，把我们扔到空气中像包裹似的；每一次撞回到木板的座位上，使我非常难受。

那农夫用他镇静单调的口气，重复叫着："吁，吁，走慢些，莽达儿特，走慢些。"但是莽达儿特不理会他，尽跳跃着像一只山羊。

我们的两只狗在我们后面笼里的空处，站起来嗅着平野间的空气，这空气透出来狩猎物的气味。

男爵用凝思的目光，远远地默默地看那旷阔的挪门德野景，那里地势轲坎而悽郁，好似一座绝大的英吉利公园———座无边际的公园，那里农家的田场围绕着两行或是四行的树，遮蔽房屋的矮苹果树也尽有的是，极目看去，依稀地描出精致的园丁们，为分清堂皇体面的田产界限，所种的密树丛林的景色。特来尼·欧来陡然喃语道："我爱这个地方；我有我的根在这里！"

他是一个纯粹的挪门德人，又高又大，肚子有点突出来，是属于那些到各海岸上寻求王国的冒险家的老种族。他将近五十岁左右，或者比那领着我们的农夫小十岁。这农夫却是个骨头架子，一身骨头尽用皮包盖着，没有肌肉——那些活了一世纪的人们之中的一个。

过了两点钟颠簸之后，在横过这碧绿而单调的平野的崎岖大道上，这车走进那些有苹果树的一方田场里去，停在一所倾颓的屋宇前面；在这里有一个老媪等候着，带着一个伙僮牵住了马。

我们走进屋去。厨房，烟熏黑了，高而且大。铜器和瓷器被那庞大的火炉照了反射发光。一只猫睡在椅子上；一匹狗睡在桌下。在那里，谁都闻得出牛奶，苹果，烟，和老农人家宅中的那种说不出的气味；泥地的，墙壁的，家具的气味；陈年泼溅的羹汤的，久日洗涤的东西的，和久经居停的人的气味；畜生和人混杂的，一些事和物的气味；时光的，过去的时光的气味。

我又出去看一看这田场。它很是宽绰，尽是些蹲踞的挠曲的被果子覆盖了的老苹果树；那果子总落在围绕它们的草里。在这挪门德的田场里，苹果香和南方海岸上的橘香一般强烈。

四行掬树围起了这圈地。它们是这样的高，恰当入夜的时节，它们好似上接云霄，它们的头，晚风拂过，狂暴地摇动，仿佛在吟唱无限悲凉的怨语。

我转回来。男爵正在烘着脚,听着他的农夫讲说乡间的事物。他正在叙述嫁娶,生产,死亡,以及麦价的低贱和牲畜的消息。味勒代(一匹在味勒买的母牛)在六月当中已经生了小牛。去年苹果酒并不出名。黄梅树在乡里仍然没有。

接着我们用饭了。这是一顿很不错的乡下饭,朴素丰富,悠长闲静。在男爵和那农夫之间那种特别的友好的亲密,起初就触动了我,这顿饭的中间,我又给提醒了。

外面的树木在夜风疾激的底里连续不断地呻吟。关在马号里的我们的两只狗,嗥吠得厉害。火正在大烟囱里灭去了。那老媪已经睡了。勒布卢芒管事随着就道:"如果你准我,爵爷,我要去睡了。我没有晚睡的习惯。"

男爵伸手给他道,"去罢,我的朋友。"语音那样地亲切,使我一待那走出了,便禁不住问道:"这农夫是很忠心于你的罢?"

"比那还要好哩,我的好朋友。这是一出戏剧,一出全然简单却很伤心的老戏,它引起我叙述这段故事……

"我的父亲是个骑兵团长,你是知道的。他曾有一个当作护兵用的小伙子——就是今天的老头儿——一个农夫的儿子。以后当我父亲从军队辞了职,他便将这四十来岁的兵当作他的听差。我正是三十岁。其时我们住在我们的瓦尔文尼的别墅里,靠着戈特倍昂戈很近。

"在那时候我的母亲有一个近侍女婢,她是一个仅见的极俏丽的女儿;鲜艳,愉快,活泼,纤柔,一个恰当的侍婢——这种旧日的侍婢现在是见不着了。现在这些人立刻都往坏处去了。一待她们长成,巴黎就用铁路勾引她们,诱惑她们,攫住了她们,这般热诚的女儿在从前只是做着简单的用人。每个走过的男人,活似从前招兵的把总征求应募的人，挑选她们好了，就玷污她们，以致现在的女婢，我们只得有那女性中的甩货，所有的都是粗鄙，惹人嫌厌，平常，残缺难看，太丑了够不上献个殷勤的程度。

"好，这个女儿却足以颠倒心魂，我有时吻了她在黑暗的角落里。再没有别的——哦！我赌誓说，再没有别的。而且，她是很贞洁的；我也尊重我的母亲的房子，如今的一般无赖的东西可就不大这样做法了。

"现在发生了，我的父亲的听差——先前那个骑兵，你刚才看见的那老农夫，疯狂一般地爱上了这女儿。起初我们注意到他把一切事物都忘失了似的——他不断地在那里幻想。我的父亲就常对他说：'来啊，叶安，你有什么事呀？你病了么？'

"他就答道：'没有，没有，爵爷，我没有一点什么。'

"他渐渐瘦了；后来他在侍候开饭的时候，把些杯子也打破了，碟子也摔掉了。我们忖度他是害了神经衰弱症，于是我们把医生请了进来，医生相信是有脊骨病的症候。我的父亲对于他的老仆人满心关念，就决定把他送到医院里去。一听这个办法，这人就吐出实话了。

"他拣了一天早晨当他的主人正在修脸的时候，用一种畏缩的声调说：'爵爷……'

"'小伙子……'

"'我所要的，你看哪，并不是医药……'

"'呀！那么要什么呢？'

"'想要结婚！'

"我的父亲吃了一惊，转过身来。

"'你说……你说？……什么？'

"'我要的是结婚。'

"'结婚。那么你是,那么你是……爱上了人了……畜生?'

"'那正是,爵爷。'我的父亲哈哈大笑,笑得我的母亲在间壁喊起来:'你有什么事呀,刚屈昂?'

"他答道,'这里来呀,卡钿林。'她刚进来,他,他的眼睛满是快乐的眼泪,就告诉她他的不中用的听差怎样痴痴迷迷地害了相思病。

"爵夫人并没笑,还发了些慈悲。

"'是谁,你爱得这般利害,小伙子?'

"他毫不踌躇地直说道:'夫人,那就是卢易丝。'

"爵夫人郑重地答说:'好了,我们必定试着向最好处办去。'

"卢易丝便被母亲叫了来问;她回答说她很晓得叶安的情焰,他也曾屡屡表白他自己,但是她不要他。她却拒绝说因为什么。

"两个月过去了,那期间父亲和母亲总是逼她嫁给叶安。因为她赌过誓说她并没爱着别人,她不能为她的拒绝举出什么切实的理由来。父亲终于用一大笔钱压倒了她的抵抗;于是他们在我们今日所来的这方地上成了家,做了农人。他们离开了别墅,我在三年内没有再见到他们。到了三年的尽头,我听说卢易丝害了痨瘵病死了。但是我的父亲和我的母亲也轮着去世了,我又有两年工夫没见着叶安。

"最后,在一年秋天,快近十月底了,我忽有一个念头想到这里来打猎;这片产业是被很小心地看管着,并且我的农夫说过这里有的是猎物。

"就在一个夜晚上——一个落雨的夜晚上,我来到了这所房子。看见了我的父亲的老护兵有了雪白的头发,使我非常地惊异,因为他不能有比四十五六更大的年纪。

"我叫他和我一起用饭，就坐在我们此刻这张桌子的近边。雨在成河的下。一个人听得见雨水冲击到屋顶上，墙上窗上，直泻地灌到田场里来。我的狗在马号里嗥吠得同今天夜里我们的狗一样。

"那老媪去睡觉了之后，陡然，这人喃喃地说道：

"'爵爷……'

"'喂，叶安管事？'

"'我有一点事告诉你。'

"'说罢，叶安管事。'

"'那是……唉……唉……这真叫我苦恼。'

"'还是说罢。'

"'你记得卢易丝，我的妻子么？'

"'当然我记得她。'

"'好，她吩咐我告诉你一件事。'

"'什么事呢？'

"'一件……一件……你可以说是一件告白。'

"'呀……那么什么呢？'

"'我……我……本很想不告诉你更好一些；总是一样……但是我必得……我必得说。唉，她并不是死在胸部上……是在伤心的事上……说出来也止于此罢了。

"'她一到这里来就憔悴了下去，改变得你将不会认得她了，在六个月之后，不会认得她了，爵爷。一切都和在娶她以前一样，只是不同，完全不同了。

"'我请医士来，他说她有肝病。于是我买了些药，药，药，统共比三百佛郎的价额还多。但是她不愿意服用它们。她说："这是不值得麻烦,我的可怜的叶安;这将丝毫没点用处。"

"'我也看出,直的,在那心深处有一种隐病。以后我又撞见她时常在哭泣。我不知怎么办法,不,我简直不知怎么办法。我给她买衣裳,女帽,发油,耳环。一点也没有用。我就晓得她快要死了。

"'一个快近十一月底的夜晚上,一个下雪的夜晚上,这天白昼间她没有离开床铺,她叫我去请一位牧师。我去了。

"'他一来了:

"'她就说道,"叶安,我要向你说一句话。我应当对你这样做。请听着,叶安。我从来没有欺骗过你,从来没有。结婚前没有,结婚后也没有,从来没有。在这里的神甫也可以说这话,他是知道我的灵魂的。好罢,请听着,叶安,如果我死了,那便是因为离开了墅府,我没能排解我自己……因为我有过分的……过分的友谊对于欧来爵爷。过分的友谊,你要明白,没有别的什么,除去了友谊。这便杀死了我。当我不能再看见他的时候,我觉得我是要死的了。假如我见得到他,我一定还会活着;只要见到他,没有别的什么。我要你有一天把这个告诉他,在我死去了之后。你愿意告诉他罢?叶安,赌誓,当着神父赌誓。我知道他有一日会晓得我是为那个死的,也就安心了。吁!……赌誓罢。"

"'我承诺了,爵爷。我怀着一个诚实人的信心,践行我的约了。'

"于是他又沉默了,他的眼钉(盯)住我的眼睛。

"唉呀!我的好朋友。在这间厨屋里,在这样一个暴风雨的夜里,讲给我这样一个故事。当听到他的妻子——这个可怜的鬼——不料暗中是给我杀死了的时候,你定不会想到什么样的情感抓着我了。

　　"我呐呐地说道:'我的可怜的叶安!我的可怜的叶安!'

　　"他喃喃道着:'现在那完全过去了,爵爷。不论你我,我们都无能为力。那已经是完了。'

　　"我横过桌子握住了他的手,我开始哭了。

　　"他问道:'你可想看一看她的坟墓呢?'

　　"我无心再说话了,我点头示可。

　　"他站起来,点上了灯笼。且看我们在雨中走去。我们的灯笼不时地照见那斜刺里落下来的雨点,和箭一般迅急。

　　"他开开了一扇门,我看见些黑色的木十字架。他突然地说,'在这里',指着一块偃卧在一座坟上的大理石板,把灯笼放在那上面为的叫我能够读那碑文。

　　纪念卢易丝·荷尔腾丝·玛丽勒,

　　农夫叶安·佛兰沙易司·勒布卢芒之妻,

　　她是一位忠实的妻子。祈祷上帝安抚她的灵魂。

　　"他和我,我们都跪在泥淖里,灯笼就在我们中间;我望着那雨水冲打到白的大理石上,激起一层薄明的水雾,然后向那冷酷的,侵蚀不透的石头的四边流去。于是我想起在那里长眠不醒的她的心……啊,可怜的心!……可怜的心!

　　"此后我每年回到这里来。这人总带着饶恕我的神气;在他面前,我活像个罪犯般局促不安,我也不知道为什么。"

　　　　　　　　　　——《国闻周报》第 8 卷第 2 期(1931 年 1 月 5 日)

珠贝集

辛笛　辛谷

题　赠

南　星

那美好的小院永远是你的：
记着无花的桃枝吧，
记着棕榈样的椿叶吧，
作客时且怀有主人的心。

一日如千万年，
千万年也如一日：
让诗句做终古的提示者，
莫说你有了"一生的怅惜"。

一九三六年五月半

其一　辛笛

有 客

悠纤的铃声远远地沿傍冷清的径路行来，
会有那位到门了罢？
矮篱栅缠满了的牵牛花爬弄着青蛇的影子，
在昏黄的壁灯之下。

是不速之客呢？
是心期的人呢？
在那陌生的或是熟悉的脸面出现之前，
谁能道破这椿飘忽的而又脉脉的
躲在心底下的疑闷呢？

缓而未停，仍是悠纤地，那驴项的铃声，
鞯靴底踏着的沙石溢出轻微的唏嘘，
客主握手了更互道个好，
闲适的羸驴随意嘘了一嘘，
氤氲的雨气跟着浑成了白的晕痕，
咦，多事的铃儿又是响亮的一声，两声，……

一九三〇年夏晚雨后

——最初发表于 1935 年 7 月 4 日天津《大公报·小公园》，原题《黄昏的来客》，笔名梦媧

弦　梦

浓荫绽开着棋子的白花
静的长街上
繁促的三弦响
一人踏着步来了
又竟自去了
而遗下一团绿的梦
怅惜的梦

他是个失落了光明的人呢
不怕光明就照在他风尘的颊鬓
可照不亮他的眼睛
往日徒然是青的烟
给他往怅惜里缠
他是去寻那失落了的边沿么
不　弦语已尽够他温存着了
怅惜原是他的本分

一九三三年七月炎夏

——最初发表于 1935 年天津《人生与文学》第 1 卷第 3 期，
原题《三弦的梦》

夜　别

再不须什么支离的耳语罢，
门外已是遥遥的夜了。
憔悴的杯卮里，
葡萄尝着橄榄的味了呢。

鞭起了的马蹄不可少留。
想收拾下铃铛的玎珰么？
帷灯正摇落着无声的露而去呢，
心沉向苍茫的海了。

一九三三年十二月
泽南归前夜

——最初发表于1934年《清华周刊》第41卷第3、4期文艺
专号

印　象

流　流
蒲藻低下头
微风摆着得意的手
满河的星子
涨得和天一般高
一似看花的老眼
逗出盛年时的笑
或是秋天的草萤
起落平林间
十五年前的溪梦
向我走来了
一个仲夏之夜
在大人的蒲扇下
听过往的流水说话
有时也听了
鬼的故事
红纱的灯笼
送我回家
灯笼后的影子
随着无尽的日月
也是那么

一晃一晃地
独自成长了
成长了
又来听流水的嗟嗟

   一九三四年四月
   一个自燕京回清华
    多星的夜晚

  ——最初发表于 1934 年《清华周刊》第 41 卷第 10 期

怀 思

一生能有多少
落日的光景？
远天鸽的哨音
带来思念的话语；
瑟瑟的芦花白了头，
又一年的将去。
城下路是寂寞的，
猩红满树，
零落只合自知呢；
行人在秋风中远了。

一九三四年七月

——最初发表于 1934 年《文学季刊》第 1 卷第 4 期

夜　乐

夜乐幽幽地流进来

明暗着的

是邻家的灯

寂寞的窗啊

为寂寞锁住了的心

盛年的心事如一条小河

流着夜乐的拍子

泛载一朵青的花

隐了

明亮的玻璃片

有些惹人……

于是我梦着了

酣红的叶子

深山的烟

邂逅的少女

枫林外的家

雪

炉火透红着呢

温情的眸子

酡酡的颊

无涯的温暖

室外的寒风是吹不到的了

春天吹开了花

花外的马蹄

花下的笑

鬓簪着花

黄昏的人面

仲夏在湖上

青色的夜

水上开着的菡萏，

风似多情的手

轻桨打起的柔波

不尽的软语

岁月就此无声地

流了去

又是秋天

秋天果是哀愁的日子么

而我们竟然别了

暗空没有星子

也无夜鸟的歌

作我们慰藉者

最后的款步

缓缓并肩的

纵仍是心恋的人

足音是跫跫然的

两颗依依的心

一堆依依的话
止不住一些寒冷
一些叹息
一些泪
好似秋天的露滴
秋天是深了
无涯的日子是有涯的
从秋到秋
于是我的梦轻轻地破了

夜乐是何时休止的呢
窗下一个行人走过
唱起一支流浪的歌

一九三四年七月
小病夜闻乐声作

——最初发表于 1935 年《清华周刊》第 43 卷第 4 期

生　涯

独自的时候
无端哭醒了；
哭并没有流泪。
夜夜做不完的梦
只落得永远画不就的圆圈。
窗外琐琐的声音，
从前听人说
是夜来的繁露，
如今生涯叫我相信
是春天草长呢。

一九三四年七月

——最初发表于 1934 年《文学季刊》第 1 卷第 4 期

航

帆起了
帆向落日的去处
明净与古老
风帆吻着暗色的水
有如黑蝶与白蝶

明月照在当头
青色的蛇
弄着银色的明珠
桅上的人语
风吹过来
水手问起雨和星辰

从日到夜
从夜到日
我们航不出这圆圈
后一个圆
前一个圆
一个永恒
而无涯涘的圆圈

将生命的茫茫
脱卸与茫茫的烟水

一九三四年八月海上

——最初发表于 1936 年 6 月 26 日天津《大公报·文艺》

款 步

海今夜是这等静呢
此时才见月的光景
一弯弯的
风上那里去了
海低低地微语
姗姗的步履
是只咱两人的
你微笑着么
漫天的星光下
草垂垂地白了

一九三四年八月
成于与 Pin 海滨缓步的时候

——最初发表于 1935 年 7 月 4 日天津《大公报·小公园》,原题《海滨夜步》

冬　夜

安坐在红火的炉前，
木器的光泽诳我说一个娇羞的脸；
抚摩着退了色的花缎，
黑猫低微地呼唤。

百叶窗放进夜气的清新，
长廊柱下星近；
想念温暖外的风尘，
今夜的更声打着了多少行人。

一九三四年十二月
西山松堂一夜

——最初发表于 1935 年《水星》月刊第 1 卷第 5 期

Farewell

该是去的时候去了
没有泪也没有叹息
来去的时候
山河多使我沉郁
昏灯行径的管弦语
牧场上干草的香气
星光下潮水涨满了前溪
皆将为我作一幅无画的画帖
楼前那一列白杨
人家说在月明的夜里落雨
一天从天外归来
将见它高与天齐
但不知我这个四年的主人
会不会有他的愁苦
听黎明的笛吹
吹起西山的颜色

一九三五年七月
清华园离去之前

——最初发表于 1935 年《清华周刊》第 43 卷第 9 期

潭　柘

虫声让我怀着夏日的绿意了
山气的幽深先取了天地的暖
光影明晦相成以去
作一个山中的人罢
阳光里有野花地的笑
我听见灵魂的小语
曲直的松下
暮风吹起它的歌吹
相与永恒而在的
是这潭光和柘

一九三六年四月
潭柘山中

丁香、灯和夜

今夜第一次
我惊见灯下
我的树高且大了
花的天气里夜的白色
映照中一个裙带的柔和
今夜第一次
我试着由廊下探首窗间
绿窗有无声息
独自为主人
描一个轻鸽的梦吗

一九三六年四月
甘雨六号

——最初发表于 1936 年 7 月 17 日天津《大公报·文艺》

花

　　我爱一枝花,爱它是在路上拾得的。这是一个可贵的偶然;因之,一点怅惜的爱。当它篱墙的同伴仍在承饮晨爽的露气时,它便在渐经逝去的马蹄声里,给拾到我这样懒散的步行人手中了。和风吹拂不起尘土,金黄的日光爬行于行列树低垂的叶间。一日又将开始明丽的行程。我当持以珍重——是好花遭了委弃。我将回到三里外的家去,将从古老的柜中取出久空的花插,在淡紫的窗前供养它一个明净。窗外无边的海,春朝的太阳,也将为它依傍。人家会说我有着孤寂的性情,我将浅笑:都在路上度过了的,二十年的生涯,——一个偶然,不因它的易谢,不也正值永日的珍重么。

　　　　　　　　　　　　　　　　　一九三五年二月

　　——最初发表于 1935 年《清华周刊》第 43 卷第 3 期,原题《路上》

碧

雨里的草原青着哪。扑面来的是青山的影子。我喜欢这样（的）雨，帘子似的，我喜欢在这样的雨里行散。四野的草都响着微弱的声息。这该是春天的舒叹。一点凉沁的清新，一点静，更有远近的淡烟，令我想起米家的山水。泥泞的车辙展向无际中去，在这里，过去的重载着了它的行迹。满眼翡翠得冷了，只欠惜一点温柔的飘动。豀谷之彼方恹恹起来的是女音的呼唤么？那样悠悠的，缠杳的调子，会是招寻一个离去的故魂，在如此清明雨的天气么？一声声的，将摇下了秋天第一片落叶。悠悠的，缠杳的，我的心染着雨的颜色，笠帽下衣袂盈盈地绿了。

一九三五年五月
妙峰道中印象

——最初发表于 1935 年《清华周刊》第 43 卷第 3 期

其二　辛谷

错 乱

在醉里歌唱
在梦里惆怅
一颗模糊 错乱的心
人不觉在哭的时候常笑

心的去处
情感的去处
人用醉的眼
朦胧的对着那朦胧的
在无垠无限的清虚里沉浮

二三年冬

秋冬之际

过去了春天便秋天
少年是老年
留有吃过快乐果子的记忆
对着少年的快乐多是太息
从有力到无力
像枝箭
从新生到死寂
"冬日的阳光"
垂老的人的叹息

二四年冬

勇者之生

忧愁里看见快乐
黑暗里孕着光明
准备再一次的热狂
准备再一次的争强
在这世界
是哭着走来
笑着走去

二四年冬

Caged

不是从身外
而是从身内蒸发了精力
一度睡眠袭来
一度更强烈的疲倦
骨节里少了髓
脑袋里是空白
眼前的事实是无生命的呆滞
他没心情思念明天

二四年秋

朝 夕

朝夕把你捧在心尖
时时想见
春花的你
有没有为我减一分娇艳

二四年秋

夜 行

街灯是星
车灯是萤火
残月的天空静着碧色的波
人在水中游

二四年十一月

年　景

大街上冻多了乞丐
他们奔走着向人讨要像追债
寒风给太太小姐加件大衣斗篷
在叫化子身上加一件麻袋

远天里几声爆竹
近街头有冻饿的呼号
"一刻就来，谁闲着您就叫谁忙。"
食物店的伙计笑得满脸凄凉。

二四年冬

生　活

我们生　我们死
少年有心
老年有梦
不为了现在
而为了未来
现出你的颜色
放出你的芳香
学激流里逆泅的蝗蚁
作生活的担当

二五年春

风前烛

我的泪流向清虚
　眼泪安憩了心灵
　　少年的心和感情
　　　永伴着鲜花的年龄

被磨擦成个球
　本能是随遇平衡
　　沙漠里的风漩起了悲哀
　　老年的心笑着少年的感情

二五年春

囚　牢

一样的人
两样的心
这里有法律
没有真理
霉腐的气息
霉腐了人心
梦见太阳花地的欢笑
看见了忧愁怨恨的运命

二五年春

晚年忆天津

辛笛

秋窗忆语寄津门

辛 笛

在南方作客已有四十多年了,可是,每在街头巷尾听到有人在说"是嘛,您天津卫吗",总不免要回头看看是不是天津老乡。每次到北方去,但凡有空总要路过天津下车去看看我的第二故乡。

我是 1912 年生于天津的马家口,距离梨栈不远(现今劝业场一带)。马家口是个什么样子已毫无印象,但还记得后来那儿有个规模颇大的菜市;至于梨栈,开初是一片空敞地段,很快就成为闹市的中心,高楼大厦簇拥而起,绝不同于最初的面貌,顾名思义,当年一定是有一批水果商上下货的店栈,详情也须要向老"天津卫"请教了。

我幼年在私塾时代除了诗书外,曾读过梁启超的《饮冰室文集》,非常羡慕他笔锋下常带情感。考进南开中学以后,才接触到"五四"新文化运动,开始看了胡适的一些文章。但我很快地就醉心于鲁迅、郭沫若以及冰心等人的诗文著作。不论《语丝》《北新》《创造》《洪水》等刊物,每期一来,都是如饥似渴,先睹为快。我的父亲是前清末年的举人,后来改学新学,但仍然坚信学好中文,非熟读古文打好基础不可。因此,家境虽然不坏,但不肯给我们零用钱去买当时的书报,在他认为这都是闲书。起初,我只好利用学校图书馆或从同学处借来看。慢慢地,这样不能满足我的求知欲,于是想方设法,把每月三元大洋的午膳费省下来,充作悄悄购书之用。自己也就成了当时开设在梨栈的天津书局以及南开左近书店的年青顾客之一。每每到了下午三时半下课铃一响,就急急忙忙骑车,满头大汗地赶回家,去吃一大碗"卧两果"(即水泼蛋)的汤面,当作午饭。后来连母亲都觉得奇怪,我的饭量竟如此之大!这个秘密一直没被揭破。

　　17 岁那一年,我偶然把一首小诗投到本地《大公报》的"小公园"副刊,居然一下子就登了出来,而且到月底领到七角大洋的稿费,谁想到这就是我后来热爱文字生涯的开始呢。随着每月写的稿子多了起来,竟可得到十几元的稿酬,这样大大提高了我购买书报的能力,我的书架上新书也逐渐膨胀了起来。由于每日必到,几个书店的店员都成了朋友,常常乐于为我留书或是预订。因此我一直对开书店的人保持着很好的印象,觉得他们是文化的传播者,说是商人也还不失为风雅的知识分子。偶尔忙于考试,几天不去,他们也会到处打听我的踪迹。我的视野渐渐开拓了起来,一方面开始跑旧书摊,踏破铁鞋无觅处,发现不少价廉的难得旧书;另一方面也有时跑跑中街(今之解放路)的外文书店如伊文思和法文书铺,但往往给高价吓住,望望然去之,空手而归。

　　当时,在师长的热情指导下,我曾反复阅读了鲁迅译(1924—1925 年)厨川白村著的《苦闷的象征》《出了象牙之塔》等书,使我对外国文学有了一些认识。虽然厨川氏有些唯心主义的见解,如强调生命力,以及灵和肉等等。但在今天纪念鲁迅诞辰一百周年之际,我打开他老人家的全集一看,就又重温起厨川氏文中所提到的柏格森的哲学和弗洛伊德的心理分析学来(现代意识流的老祖宗)。鲁迅翁早在 1907 年写的《文化偏至论》中就已提到丹麦哲人、今之存在主义的先驱基尔刻格德(奥国小说家卡夫卡受有他的影响)。在同年写的《摩罗诗力说》中也例举莎士比亚、密尔顿、歌德、普希金、密茨凯维奇、尼采、拜伦、易卜生、果戈理等人（当然，文中的音译和现今通用者不同）。再翻阅鲁迅后来的译作，两相印照，顿令我对他知识之渊博，译述介绍用力之勤快，勇于不断探索、不断扬弃的进取精神，更有一些新的体会。

19岁初，我开始为《大公报》和《国闻周报》翻译了一些波德莱尔的散文诗，以及旧俄迦尔洵和法国莫泊桑的短篇小说，现在想起来，还是由于受了鲁迅先生译品的提醒，所以选择了这几位作家，不过这已是半个世纪以前的事了。1946年在许广平和郑振铎二同志的嘱托下，为再版《鲁迅全集》筹集资金做了一些工作，正是表达了我对鲁迅先生敬爱的心愿。至今我也仍然要感谢从未谋面的一位编辑叫何心冷，他在通信中不断给我以鼓励。听说后来在抗战期间他在重庆贫困而死。（编者注：此说不确，何心冷1933年10月28日在天津去世，享年35岁。）我曾问过《大公报》的一些老同事，却都不记得有此人。这正好说明一个知识分子在旧社会处境之可悲。在那样黑暗的岁月里，好人总是不长寿的居多。从他的署名来看，也一定有过失意的事情，只是在我已无从打听了。

1931年考入北京清华后，我每逢寒、暑假总要回到天津来，照样逛逛旧书店、书摊，到河东的旧俄公园柏林里走走，去河北的北宁公园远足。特别让我难以忘怀的是到南开母校和在八里台的大学部去寻师访友。夏天在芦苇荡中划船话旧，冬天沿着佟楼小河上坐冰排子，都成了亲切的回忆。三十年代后期，我因工作关系在南方住下，没想到一住就这么多年。前两年天津尽管迭遭大水和地震的灾难，但是更有一番崭新的面貌。从前的臭墙子河早已变成柏油大道，八里台附近也已是一片景色清丽的水上公园，更不必说到处新厦如云，烟突丛起，象征着人民生活之提高，工商业的发展，迥非昔日所可比拟。全市在生产和文化战线上大显身手,竞作贡献,已经不再纠缠于所谓"风雅不及北京,繁华不及上海"的问题上一比高低了。仅以出版界来说:百花文艺出版社的书刊遍及全国,而《小说月报》《散文》等杂志,尤受广大读者所欢迎。我虽远在上海,每出一期,总要持以归寓,好像是和老乡亲重逢一般,说不尽的缠绵意。

今年5月,我出席加拿大在多伦多市举行的第六届国际诗歌节,航天来去途中均路过美国旧金山,不少南开校友都嘱托我带回他们对天津市和母校的热烈问候。我也写了两首旧体诗七绝作为答谢他们的盛情款待。

> 金山重聚苦侘傺,接待多方感遇隆。
> 喜看身心俱矫健,古稀还似日方中。

> 匹夫有责在兴亡,海外亲朋謦咳香。
> 万里屐痕今胜昔,豪情一路满诗囊。

今夏苦热,一雨成秋,又届金风送爽的时候了,让我在此遥遥祝愿我的第二故乡在各方面获得更大的丰收。

1981 年秋

听得春声忆故乡

辛　笛

少年学诗词时,最爱读姜白石的"平生最识江湖味,听得秋声忆故乡"诗句,对这种心情有所憧憬,自以为很懂得此中况味,及今垂老思之,也还不过是正如稼轩词所说的"少年不识愁滋味,爱上层楼"一般味儿罢了。我于1912年12月在天津马家口子出生,一直在天津生长,受完中学教育才离开;而在清华读书期间,每逢寒暑假都要回到天津的老家来。天津可说是我真正的故乡。一个人到了老年,每一回想到过去一些事情,谈起来总是十分亲切有味的。

我是老式的书香门第出身,家中收藏有不少旧线装书。我父亲在前清末年考中拔贡,又在南方上过新学,因此,一方面向往于政治维新,对康、梁很是佩服,同时在民国初年和藏书家如傅增湘("也是园")、陶湘("涉园")等人常相往来,家中就有他们不时送来的翻印、翻刻的古籍;而另一方面对白话文运动却几乎和林琴南一样采取排斥态度。所以我在早年除在私塾读过四书五经外,还读了《饮冰室文集》,对于梁启超所主张的作文一定要笔锋下常带情感之说,不胜欣赏,而对五四新文学运动包括陈独秀主办的《新青年》和《胡适文存》等则竟一无所知了。

我到现在一直深深感谢南开中学给我的教育,是一种启蒙式的新知识教育。在那里我初次接触大量新文学书籍,就夜以继日狂热地阅读了它们,甚至一时间拒绝念线装书,以免继续受封建主义的毒害。其实,这也是皮相之谈,何况我在私塾里所念的都是儒家之道,头脑里封建主义已经太多了。与此同时,不久就由林(纾)译小说改读鲁迅弟兄译的《域外小说集》等以及从各国(如日本、俄国)翻译过来的小说了。当时天津还是一个半封建、半殖民地的城市,一般青年也不能不在南方革命浪潮的冲击波下,更热衷于阅读大量十月革命前的旧俄小说,深感到旧中国的现实又何其相似乃尔!我也正是其中的一个。看到鲁迅和郭沫若早年由学医改学文学,我也就是在这个时期初步下定了从事文学的决心。在当时文学流派中,我比较接近文学研究会的"为人生而艺术"的主张,在文艺理论方面我醉心于鲁迅翻译的厨川白村的论著,如《苦闷的象征》《出了象牙之塔》以及后来别人译的《走向十字街头》和沈端先(夏衍)译的《北美印象记》等。但家中对子弟督责较严,认为小说都是闲书,不许购阅。每月零用钱非常有限,开头,我除向学校图书馆或同学借书来看,也总爱在南开附近和梨栈的一些书店中流连忘返。我常常饿着肚子,把每月三元左右的午餐费节省下来去买书。但这远远不能满足我的需要,于是在 17 岁的那年,我试着向当地的《大公报》副刊(当时叫"小公园")投稿,一首写得很不像样的短诗居然登了出来,第一次拿到稿费大洋七角;这引起我很大的兴趣,从此连写带译,在 19 岁时,我每月最多稿费竟达十余元之多;这就使我手头大大丰裕起来,我的新书架也就逐渐为各种各样的中外文学书籍装满了。我翻译的外国短篇小说,如迦尔洵的《旗号》、莫泊桑的《农夫》都在 1930—1931 年《国闻周报》上先后发表。其它还有波德莱尔的散文诗,萧伯纳、王尔德等人的语录,我曾由英文零星翻过来,刊于《大公报》副刊上。去北京读书后,也还忘不了向天津报刊输送稿件。

记得在我中学时代,天津市内的公园是比较少的。国民饭店前面的"法国公园"很小,往往是家长带着儿童去玩耍的地方;"英中街"(今解放路)"戈登堂"(地震后损坏,已拆除)南面临近的公园却又是洋人散步之所,居民很少问津。我一时发现河东还有个"俄国公园",大喜过望;园中花卉虽然不多,却有一片浓密的柏林,游人也不多,是个静谧的去处。于是每当春秋假日,我总是从小白楼附近摆渡过海河,随身带着一卷契诃夫、屠格涅夫、托尔斯泰,或陀思妥耶夫斯基诸家的作品,到那里,在树林深处阅读,没入于沉思默想中去。有时也准备好干粮,就可作一日的盘桓。河北修建了"北宁公园",还是后几年的事,而离我家甚远,就很少去了。

天津原本是一个工商业为主的城市,早年,新旧书店不论规模和数量都远不能和北京相比,但我在进入南开后,对新出版的书籍杂志如饥似渴,爱不释手,课余之暇无形中就养成了逛书店的习惯,这种癖好一直保持到今天。当时新书店有梨栈附近的天津书局,文学新书到得最快,据说是与上海创造社有关系的人办的。南开附近一家书店也常有新书应市。旧书摊则多在天祥市场和劝业场内。我有一种印象:那时不论开书店或摆书摊的,看起来也大都是些爱书的人,知识丰富,对顾客很热情,广为介绍,对买不起书的青年学生也默许他们白看书。他们好像对自己的行当有一种说不出来的酷爱。这样,书店(书摊)就成为广大读者和作家的桥梁。对比之下,旧英中街、法中街(今解放路)上的两家卖外文书的伊文思和法国书店,则迥然不同,而且书价特别昂贵,使人望而却步。现在各地新华书店都在先后采取开架售书办法,可以说是深得人心之举了。

1939年从海外读书回来,不料一直在南方落户,很少有机会到北方来,解放后,由于常到北京开会,只要时间允许,总是要绕道回天津看看。大学中有不少五湖四海的同学，却反而在天津工作多年，都已成为老乡了，真叫人艳羡。尽管有过水灾地震，天津的市容近年来仍不断呈现可喜的飞跃；墙子河早已填平，铺成平坦宽广的大路；八里台附近也已建起风景如画的水上公园；佟楼一变而成为公共交通集散中心之一；各处新建工厂触目皆是，不少产品畅销国内外；文化出版事业也很发达；大专院校除举世闻名的南开大学外，还有天津大学、天津师范大学、外国语学院、河北工学院等，为国家培养了成批的文、理、科技的人才。去年引滦入津的巨大工程胜利竣工，更将为天津带来安全的保证。我相信，今后每次回来一定会看到老乡们创造出更多、更大、更新的成就！

1984 年

——1984 年 4 月 1 日《天津日报》

附编 亲人篇

津门亲情追忆

大伯父子在天津

王　永

　　王馨逸是我的大伯。小时候常听父亲辛谷提起,他是美国麻省理工学院化学系毕业的,和天津"红三角"牌纯碱的发明人侯德榜是同窗。父亲让我好好学习,将来可以和大伯一样出国深造,报效祖国。大伯在美国苦读七年,获得了麻省理工学院的硕士学位,年仅 24 岁。1927 年,大伯回国后几乎连中国话都不太会说了。他先去了东北大学教书,并与相识的女友于1928 年在沈阳结婚。1929 年1 月祖父去世,大伯从沈阳携

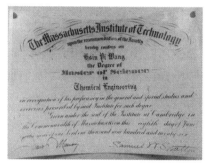

王馨逸毕业证照片

妻回到天津奔丧,那时大伯母已有了身孕,他们住在现在的大理道 4 号新居。

　　大理道 4 号紧邻的永和里(现在改称民园东里)及它旁边的大理道 6 号和 8 号两栋连体的三层小洋楼,均是我祖父王其康(字慕庄)在 1927 年从英租界工部局买的一块空地,自行设计并请工匠建造的私人住宅。民国时期,祖父在北洋政府财政总长周学熙属下任职,在天津也是小有名气的民族实业家。当时为了大伯婚后回天津能住上新房,祖父夜以继日地赶工期,终于在 1928 年将这座小

从左至右：辛谷，馨逸（怀抱王湛），辛笛。1931年摄于大理道4号前院

洋楼建成了。由于操劳过度，没有多久祖父就病逝了。现在的大理道4号，刚建成时地址是天津英租界三十三路二十号。大理道的前身曾叫新加坡道。据大哥（王湛，字亦涵，大伯父的独子）介绍，大理道4号分为前楼和后楼两部分。前楼曾经是一个前院带有车库和账房，并有地下室的一座三层洋楼。从外观上看，它的大小阳台的外墙上砌有象征英租界的"米"字墙围子，特别是二楼的玻璃花房，给这座小洋楼的建筑风格增添了无比魅力，这在大理道上也是独具特色的。随着不同时期的需求，这座小洋楼也发生了种种的改变。

大伯从沈阳回天津后，先在北宁铁路局化验室工作，后因天津沦陷被日本人占领，才离职转入商业界。他在天津平安保险公司和久安信托公司任职，并接替父业理财管家。大哥王湛1929年8月25日在大理道4号出生，遗憾的是祖父已去世，没有见到长孙。大伯一家一直生活在这栋小楼里，直至1948年11月大伯夫妇带着大哥去了香港。去香港的目的是把平安保险公司转入香港，交给一个什么人（大哥在回忆中已记不清了）。大伯就留在

馨逸夫妇摄于1932年

香港久安继续工作。当时的经理叫陈达有,大伯任副理。1950 年大伯退休,一家人从香港回到天津,住在成都道 84 号。那是大伯为自家置办的一所二层小洋楼,后门在安乐里(现已拆迁改建)。大伯在这里居住了十几年,邻居昵称他为"瘫王爷",说他一家人特别老实。小时候,我们家住在大理道 6 号(原大理道 10 号),离大伯家很近,但是很少去他家。记得每次父亲带我去大伯家,他们在一起交谈甚欢,间有外语穿插,我根本听不懂,也许是他们怕我听见什么的缘故吧。只记得大伯是残疾人,他的腿因患骨结核被截肢,装了假肢,那是在香港定制的。他的身材魁梧,戴着一副金丝边眼镜,看上去颇为洋派,家里的生活也比较西洋化。大伯和父亲哥俩除了脸型不像——大伯是国字脸,我父亲是瓜子脸——但五官长得还是很像的。

馨逸和儿子王湛与辛谷一家合影

大伯母身患严重胃病,常年卧床不起,1964 年 10 月 23 日,正值大伯的二孙女过满月,大伯母突然胃穿孔,没有等到救护车来人就不行了。大哥在天津大学建筑系毕业后,先后在北京、上海建筑设计院工作过,后来设计院迁往更远的西南地区,他去工作了一段时间,因父亲残疾母亲重病,他又是独子,于是让他辞去工作回津照顾。大哥绘画很有功底,他笔下的白雪公主、米老鼠和唐老鸭栩栩如生,与动画片别无二致,惟妙惟肖。我每次到大伯家,只是在一旁站着看大哥画画。他曾送给我几幅他的作品,我非常喜欢,可惜在"扫四旧"的年代被付之一炬。

辛笛与王湛在成都道 48 号院内合影

因大伯上下楼不方便，1962年他与朋友换房搬到成都道老48号。这是一座西式平房，一进院门是个很大的院子，前方不远处迎客的是两棵高大的绒花树，左边是一棵苦丁香，右边是一棵是香椿树，还有其他矮一些的花草树木，居住环境比较幽静。正式住房的东侧与邻居衡家相接，南面是个宽敞的晒台，住房的正门在西侧，与西侧院墙之间有一条约三米宽的甬道通往后院，与前院形成 L 型的大院子。虽然是平房，但是设备齐全。房内的南面有两间居室，西面有两间居室，北面是储藏室，它的旁边是盥洗室，中间是客厅，有条过道通向后院。过道中的锅炉房是冬季用来取暖用的。后院的厨房，里边有个大灶，除了做饭外，灶的旁边连接着近一人高的热水罐，它的旁边连着水池子，一年四季都有热水可用。与厨房并排的是餐厅。后院的西北角上是两间小平房，一间保姆住，另一间堆放杂物。二伯父辛笛每次到天津探亲就住在成都道 48 号。大哥婚后自然也就住在这里。大哥大嫂1962 年 9 月 30 日结婚，婚礼在天津起士林举行。第二天前往上海度蜜月，住在二伯父辛笛家中。

王湛夫妇在起士林的婚礼

大哥给我的印象很深，穿着很入时。他与人交谈时声调不高，总喜欢眨眼睛。大嫂刘慧祥是工人的后代，身材高挑，模样俊秀，是天津胸科医院有名的漂亮姐。因为漂亮，再加上穿着与众不同，特别使人羡

馨逸夫妇(坐者左二、右一)与儿子王湛夫妇(右一、二站立者)和辛谷(坐者左一)及亲戚

慕，也遭人嫉妒。在全国"破四旧，立新风"的年代，胸科医院的造反派查抄了大伯的家，后来又相继来了几拨造反派抄家、批斗。大嫂忍受不了各种凌辱，1966 年 8 月 24 日夜里当家人熟睡时，悄悄吞下大量安眠药。第二天早上被发现后，立即送往胸科医院，因为没有得到及时抢救，就此撒手人寰。大嫂离开人世，给大哥撇下一男二女三个孩子，大女儿三岁，二女儿两岁，最小的男孩只有 7 个月大。那时候，大伯在银行的存款全部冻结，家庭完全失去了经济来源，一家老小再也无法生活了。因无力抚养三个孩子，大哥忍痛把两个女儿相继送人，只有唯一的男孩留在身边。大伯的假肢也被抄走了。与此同时，一家人都被赶出成都道 48 号，祖孙三人住在河北路的一处阴暗狭小的地下室里(对面当时是天津市财政局，后面是先农大院)相依为命。

我去过几次大伯住的地下室，通过院子再下几磴水泥台阶，便是地下室的门洞。迈进门洞漆黑一片，伸手不见五指，又不敢贸然前行。紧闭双眼片刻，再睁开双眼，依稀可见门洞内的摆设：靠外边

贴墙放着两排蜂窝煤,旁边是做饭烧水用的炉子,煤气味儿弥漫整个门洞,使人不能大口喘气。房门边上放置的是油、盐、酱、醋等调料。敲开房门,不大的居室只有一扇两版报纸大小的窗户可以通风采光。室内一张床供祖孙三人休息,大大小小的塑料盆散放一地,孙子坐在塑料盆里玩耍。大伯说:孩子在外面受人欺负,他又行动不便,干着急,所以出此下策。大伯告诉我,住地下室最大的优点就是冬暖夏凉。那时候我父亲也被停发工资,母亲张玉是西安道小学的二级教师,每月工资 76 元,但学校只发给 40 元,那是我家的全部收入。母亲每月拿到工资后,第一时间就给大伯送去 20 元钱,全家勉强度日。后来大哥在友谊罐头厂干临时工,每月能有几十元的收入。好在那年月物价很低廉,又没有现在这么多诱惑,仅仅喂饱肚子还是可以的。后来大伯住的地下室房主落实政策了,他们又被迫搬到睦南道三盛里一处民居的地下室里。这个地下室与原来住过的地下室大同小异。1976 年唐山大地震波及天津,大伯一家只好住在睦南道上的临建棚里。1978 年 9 月底,大伯最终因心脏病逝世,享年 75 岁。我在那年冬末,从内蒙古插队落户的地方回天津过年,从西郊区(那时候我父母还住在西郊区)专程到天津市里看望大伯,才得知此噩耗。粉碎"四人帮"后落实了政策,大哥才有幸搬回成都道 48 号,大女儿被接回了家,二女儿 20 世纪 80 年代找到时已经结婚了,遗憾的是大伯没有看到这一天。大嫂去世后,大哥没有再娶。后来胸科医院给大嫂平反昭雪,并将大哥安排在胸科医院图书馆工作,直到退休,老年总算有了生活保障。医院领导一直也对他特别照顾。

　　因大哥住的房子面积太大不好管理,20 世纪 80 年代末,他把成都道 48 号转让给他人,父子俩移居到南开区一处普通单元房。现在大哥已是 86 岁高龄的老人,两只耳朵全聋,真正做到"两耳不闻窗外事"了,生活起居由他儿子照顾。两个女儿也时常来看望他,一个在法院工作,一个当工人,她们都有了各自的家庭,生活得很好。我每次去看望他,若他儿子不在家,叫门最费劲,但他的记忆力还是不错的。我这篇文章所写的内容,有相当一部分就是他提供的!

2015 年 3 月 8 日

　　补记:文中提到的大伯独子——我们的大哥王湛,2015 年 10 月 12 日因心脏病逝世,享年 86 岁。他去追赶阔别多年的父母与爱妻,能够与他们永远相依相伴了。　　　　　　2016 年 12 月

散忆心中的父亲——王辛谷

王　永

引　子

　　我的父亲王辛谷（王心谷，1917—2011）是《珠贝集》的作者之一，也是我的二伯父——诗人辛笛的四弟。他民国六年（1917）农历闰四月初四日出生在天津法租界马家口子一带。马家口子是天津母亲河——海河干流上的一处摆渡口，距离天津市中心滨江道上的标志性建筑劝业场，徒步只有十分钟。渡口的东面长春道上有个法国大菜市场，1949年后改为长春道菜市场，因为面积较大经营品种齐全，这一带居民都称之为"大菜市儿"。现在的"大菜市儿"已成了电器城。渡口的西面不远处有个梨栈，它位于锦州道与兴安路交口处。早先有位贩卖泊镇鸭梨的山东籍商人，把大量的鸭梨囤积在此，大家习惯称之为梨栈。梨栈的门洞高大，马车、汽车出入十分通畅。1956年公私合营后，改为国营水果批发站（仓库），因水果不好存放，经常有处理水果面市，因此人称"紧急栈"。渡口南面正对着是和平区大沽北路。以前这条路上有座名校新学书院，是英国人1902年所建的教会学校，据说二伯父辛笛曾在那里上过学。1949年后这所学校改名为天津市第十七中学。近几年天津搞城市规划建设，这所校舍被拆除了，师生与天津重点中学二十一中合并。

　　马家口子——这个昔日繁华的渡口儿，在人们的记忆长河里早已荡然无存了,正逐渐地被天津的百姓所遗忘,取而代之的大沽桥,壮观地横跨在天津的母亲河之上,承载着今天人来车往的喧嚣,为南北两岸的繁茂带来了丰裕的商机。父亲在世时预言:豪华桥梁之下的海河,正在逐渐地失去它原有的功效。我小时候在大连道、大同道码头,常能看到装卸货物的外籍小火轮儿,捕鱼的舢板,拖船拖拽着的趸船匆忙驶过……那种百舸争流的盛况也已消失殆尽。

2005 年,在马家口子原址上建起了一座大沽桥,它由中国科学院院士邓文中设计,在世界桥梁设计大赛中获得金奖。桥体由两个拱形组成,站在大沽北路桥口上看这座桥,桥体的右边高大的半圆喻示着太阳,桥体的左边矮一点的半圆代表月亮,整座桥梁的形态寓意:美丽的天津城可与日月争辉。这使得 1949 年之前在海河上建有的万国桥也略有逊色。那是距此数百米的河面上原有的一座开启式大铁桥,也是一座名桥,相传是法国埃菲尔铁塔设计者的最后遗作。解放天津时,为保护这座名桥,牺牲了许多解放军战士,故此后来改名解放桥。它的北面通往天津火车站,南面连接着解放北路金融一条街。

1928 年大理道新居建成后,祖父一家搬迁到自建的小洋楼。从大理道 4 号向西,第一条横穿的道路是河北路,与大理道交口河北路上有个体育场就是民园体育场。小时候,父亲常带着我到那里跑步锻炼。如今随着旅游业的发展,民园体育场的看台已改建成罗马式建筑,完全商业化了。大理道也是天津著名旅游胜地"天津五大道"之一。

父亲 12 岁那年祖父暴病身亡。祖母带着父亲兄弟三人共同居住和生活在大理道 4 号,那时候大伯父已经工作了,并且结了婚。

祖父为两个正在上学的儿子积攒下一笔教育费，使父亲与二伯父能继续顺利地读书上学。虽然祖父不在了，但父亲小时候的生活还是无忧无虑的。父亲的初中和高中阶段，都是在天津南开中学度过的，在那里他不仅学习了数理化，而且又接受了南开精神的教育。在南开中学上学时，他就与二哥比拼，不甘落后，由此激发了写诗的兴趣。南开中学毕业之时，他遵照祖父"工业救国"的教导，放弃

辛谷护照照片

文科，考入天津工商大学土木工程系，这里离家较近（校址是现在马场道天津外国语大学）。1949年后，这所学校改称津沽大学，其理工科专业与北洋大学合并为天津大学。父亲大学毕业后东渡日本，在日本东京帝国大学继续攻读土木工程。他的两个哥哥，分别是去美国和英国留学，而他留学却选择了日本，这完全是出于一种好奇心：为什么日本那么一个小国能欺负咱们这么一个大国？他想亲自去看一看，当时也是人生的一次探险。在日本学习过程中，他发现中国之所以受欺负就是因为国不强民不富，所以1943年毕业后，他没有留在日本，毅然决然回到中国，想用自己所学的知识报效祖国。从日本回国后，他先在开滦煤矿工作了一段时间，不久便进入天津港务局回淤研究站(后改称交通部天津水运工程科学研究所，简称"水科所"，现称天津水运工程科学研究院)任工程师、高级工程师直至退休。

听父母讲过，他们1949年结婚时，只有他俩住在大理道4号老宅。那时祖母早就不在了，大伯父一家在香港，二伯父一家在上

海。天津解放初期，有许多解放军伤病员就住在这楼里治病养伤。后来解放军代表找我父亲谈话，意思是他们很需要这座楼房，能不能腾让一下，父亲毫不犹豫地答应了。于是在1953年8月，母亲生育我弟弟满月后，我们家就从大理道4号搬迁到大理道6号（原大理道10号），同时将大理道4号转让给解放军第一军医大学。虽然大理道6号也是祖父置办的房产，但后来公私合营时，也随其他房产全部上缴归公，因为父亲想成为一个名副其实的无产者，靠自己的劳动本领去挣钱养家。在我的记忆里，父母租的是大理道6号二楼一大间（作为居室），三楼一层（包括一大间书房和一间小餐厅，另外有两个阳台）。全楼共居住6户人家。1957年妹妹在这里出生了，从此家中又增添了很多欢声笑语。直到1970年7月，全家疏散到天津西郊区，才彻底离开了大理道。为了让晚辈们更全面地了解父亲王辛谷在天津出生、成长、生活与工作的经历，特写此文，以示怀念。

敬业精神

父亲的单位地处塘沽新港二号路，那时候每周公休只有一天，他周六晚上到家，周日下午便乘坐火车回新港，唯恐第二天迟到耽误了工作。火车到达塘沽后，还要坐约一小时的公交车才能到达水科所。在水科所工作期间，他担任过天津大学的客座教授。每接受一个课题、项目，他就利用公休和业余时间去市图书馆查找资料，反复论证，甚至为求证一个论点把自己关在书房里彻夜不眠。这是年幼的我不止一次见到的。为了港口的建设，他多次到实地考察。他设计的建港方案都要想方设法为国家节省资金，无意中把勤俭持家的家风也带到工作中。我不止一次地听他说："咱们国家浪费的地方太多了！""文革"中，在农村八年的艰苦生活条件下，他一直坚持用半导体学习外语。在学术观点上，父亲始终坚持自己的意见和见解，不被他人所左右，认定的事就一条道儿跑到黑，撞到南墙也很难回头。比如营口建港争论了很久，一直没有结果。在那个丧失工作权利的年代，父亲始终没有忘记自己的使命，他给中央有关部门写信，提出自己对营口港的改造和建设的意见，对事业的执着换来的却是一顿拳脚相加，最终信也没有转寄出去。改革开放后，父亲工作更加繁忙，经常出差，与外商谈判充分发挥了他的外语才

高级工程师证书

能，水科所可以不用给他配备翻译。1981年，由交通部授予他国务院科学技术干部局颁发的高级工程师证书。他退休后，被水科所返聘为顾问，继续发挥余热。

1990年的一天，他的大儿媳去塘沽办事，办完公事正值周五下午，她想到父亲单位看看他的工作和生活环境，如有可能顺便把他接回家。当走进父亲的办公室时，她一下愣住了，这里完全不是她想象的那样。在办公楼四楼，一个很大的办公室里，中间放一张办公桌和一张单人床，原来他办公和住宿都在一间屋里。屋子的四周几乎被书籍包围起来，装满书籍的纸箱子摞放到房顶，齐窗台以下的空地也都堆满了书籍和资料，与书为伍是他一生最大的乐趣。他嗜书如命，经常看的书都要包上书皮，而且他包的书皮都是带四个角的，把

四个书角包裹起来,以防书角破损。床上铺的稻草垫子快要坠落到地上。靠墙边另有一张办公桌,那就是他的餐桌,上边有一只暖水瓶,一个喝水用的搪瓷杯和用过的两个饭盒。儿媳问他喝的水在哪儿打? 他说到一楼后院的锅炉房去打,自来水四楼卫生间里就有。儿媳帮他把稻草垫子重新铺好,把饭盒刷洗干净,然后对他讲:"搭我单位的车回趟家吧!"他执意不肯,说明天还要继续上班呢。那时候他已经返聘为顾问。看说服不了他,儿媳索性找所长给他请假。所长同意了,并笑着说:"恐怕让他走他也不走。"由此看出父亲是一个多么严于律己的人,在那种工作环境下依旧任劳任怨,出满勤干满点,那时他已经七十多岁了。回到家后他也很高兴,起码免去了一次挤公交赶火车之苦。

天有不测风云,父亲 75 岁那年冬季,有一天灾难突然降临到他的身上。他在新港被一位骑自行车送孩子上学的老人撞倒,造成左腿股骨颈骨折。当时他放过了人家,问他为什么不理论,他说看那位老人家也不容易,又怕耽误小孩子上学。他自己被撞成了残疾还替别人着想,可见他心地有多么善良。从此,父亲不得已告别珍爱的工作,彻底回家颐养天年。不久水科所通知他,让他把存放在办公室的书籍拿走,腾空房子另作别用。他很想把书全部搬回家,那是他一生的最爱,但家中住房紧张无处存放,他

仅存的全家福照片

只好将全部书籍送给水科所。

"文革"遭遇

父亲在 20 世纪 50 年代当选过两届人大代表（具体哪两届记不清了），1964 年还荣获过"学雷锋积极分子"光荣称号，这些荣誉奖状都在"扫四旧"时毁之一炬。在那个指鹿为马的年代，父亲也没有逃过那一劫。首先是遭遇批斗，以"反动资本家""反动学术权威"的头衔被打入"牛鬼蛇神"队伍里，备受凌辱。其次是抄家，单位的造反派以"扫四旧"为名，查抄了我们的家。不算生活用品，仅各种书籍就用解放牌大卡车拉走了两三车。家中藏书都饱含着父亲多年的汗水和心血。他精通五国文字，藏书多是日积月累的外文版专业书籍，非常珍贵。另外还有许多手稿资料，是他工作以来宝贵经验的积累，瞬间变成"四旧"一扫而光，怎么不让人心痛！我小时候在大理道 4 号前院台阶上拍的照片，连同其他老照片全部惨遭烧毁，就连我六舅张举（曾任中国驻苏联大使馆商务参赞）送给我的塑胶食品盒，只缘盒盖儿上有克里姆林宫的浮雕，也被砸得稀烂。记得造反派把这个食品盒扣在地上，把榔头抡圆了砸，每砸一下盒子都弹起一米多高，摔在地上仍然不坏，就这样砸了很多下才砸坏。还没等我们收拾残局，不知从哪儿又来了三四拨造反派，他们最终乘兴而来败兴而去。看看再没有造反派来了，我们开始收拾破碎的家，每人一个包袱皮，裹上抄家后剩下的个人衣服，这时床下就成了大衣柜，把日后能继续"发挥余热"的物品拾掇在一起，生活还要继续。好在以前没有奢侈过，否则真没法生活了。住房面积被压缩了，全家五口人挤住在原来作为餐厅的那间房子里，有个阳台可以堆放些杂物。父亲的工资停发了,母亲的工资也被削减了,从此父亲在造反派监督下劳动改造。在新港,经常有外籍船员问路,父亲热情地用英语为他们指路,竟被不明真相的人打成里通外国、特嫌等。从此,造反派对父亲更变本加厉,让他干力所不能及的劳动,在新港码头搬运货物经常出事故,最终他的大脚趾被货物砸成残疾,造反派才肯放过他。在那个物质匮乏的年代,父亲一直穿带补丁的衣服,这本来是艰苦朴素的好传统,反倒成为一大罪状——"丑化社会主义"。

家被抄了,父亲成了"臭老九",我们便成了"狗崽子"。1969 年我和弟弟分别上山下乡插队落户,我去了内蒙古自治区武川县,弟弟则去了山西省长子县。为了响应国家"备战备荒为人民"号召,1970 年 7 月,母亲带着 13 岁的妹妹随父亲疏散到天津西郊区。造反派为父亲量身定做了一顶"牛鬼蛇神"的帽子,按"戴帽四类"接受贫下中农监督改造,母亲和妹妹也受到牵连,艰难地生活着。父亲每天二十四小时都要精神很紧张地听大喇叭随时召唤,只要听到村治保主任在广播里喊,"戴帽四类"马上到哪里去集合,父亲立刻撂下手中的任何事情前往,如若晚到一步,便会遭到拳打脚踢。母亲看到父亲每日辛勤劳作,吃不上喝不上,又恐怕他身体垮掉,特意养了几只小鸡和小鸭。每天妹妹上学前,先赶着鸭子到池塘里去玩耍觅食,然后她再去学校上课。鸭子有认家的本领,傍晚时分它们便相约回家。等鸭子成年后,每天早晨打开它们的窝门,就能见到一只只鸭蛋滚落在你的脚旁。从此,母亲就用劳动换来的回报调剂一家人的生活。母亲的工资学校只发一半,每月领到工资偶尔还要给两个插队的儿子各寄上十元钱,好买些生活用品。插队不比兵团,终年看不到人民币。有时,母亲还要去大伯父家代父亲嘘寒问暖。直到远在山西插队的弟弟选调当了铁路工人,家里的生活才开始有些改善。那个时候父母吃不到肉(买肉要肉票),只能吃些药厂制药的下脚料"猪心渣"或"猪心边"。看着一堆堆黑黢黢令人作呕的"猪心渣",母亲居然能把它加工成堪比肉松的美食调剂生活。有时母亲利用到市里取工资的时间,拿亲戚接济的肉票,买些猪肉加工成红烧肉以后带回家,每餐给父亲夹上两小块,偷偷埋在饭里,补充身体所需的营养。母亲有时从地里捡回别人扔掉的大葱叶,用小虾皮炒着吃,那时感觉也是一道美食。1972 年冬天,父亲还在接受改造期间,一次患了重感冒,因得不到及时的治疗转为肺炎,高烧不退。村里的赤脚医生建议到市内大医院治疗,可是那个时期"戴帽四类"离开驻地要写申请,大队部批准后才能离开。过了几天,父亲高烧仍然不退,已经处于昏迷状态。这时申请还没有得到批复,母亲再也摁捺不住焦急的心情,不顾一切地到大队部给市里亲戚打电话,让他们帮忙叫了一辆救护车,硬是坚持把父亲送到和平区滨江医院。由于他的"特殊"身份,医院坚决不肯收留。母亲最小的妹妹,也就是我的十姨,跪下再三恳求医生护士,才使父亲得到应有救治,捡回了一条性命。

大约在 1975 年(具体记不清了),水科所用吉普车把父亲从西郊区接走,重回工作岗位。谁料到好景不长,没过多久父亲又扛着铺盖卷从新港回到西郊区,继续他的"戴帽四类"生活。直至1978 年,天津市人事局下来调令,父亲才回到原单位上班。他当时兴奋得半夜做梦都在喊:"我要走马上任了!"声音之大,把熟睡的我们全惊醒了,积聚在心中十年的压抑,他在梦中一下子全都释放出来。他对家人讲,不给他工资他也干!(那时还未给他平反)可见他是多么渴望工作。1979 年春天,水科所为父亲平反,落实政策并恢复原职。
在和平区赤峰道3号
院内，天津港务局给
父亲安排了一间半住
房，全家从西郊区搬
回阔别已久的市区，
再次享受街道的喧嚣
与繁华。

王心谷夫妇在赤峰道家中

谆谆教诲

艰苦朴素，勤俭节约，有日思无日的家风，这些我从小就耳濡
目染。在我的记忆中，父亲衣着很朴素，偶尔上衣纽扣都系错了位，
他也全然不知道，他的心思就是工作。在外人看来，他穿着打扮不
修边幅，根本就不像是一位从海外归来的学者。不了解他的人，也
不知道他有一肚子学问，除了自己的专业外，精通英、日、俄三国语
言，而且又自学了德语和法语。他一生都在不断地学习，不仅给我
们树立了学习的好榜样，同时也是国家难得的复合型人才。他最爱
喝玉米面粥，每次喝完，都要往粥碗里倒入一些水，把碗底儿涮干
净，然后再把这水喝掉。每一张纸正面用完，反面还要继续使用。吃
过的水果糖包装纸夹在书里当书签，我们给他买的书签他舍不得
用。一支牙膏用完，还要用剪子把牙膏皮一侧剪开继续使用残余。
他经常告诫我们：无论什么东西，只要还有用就不能轻易扔掉。到
如今我们还在继续传承他的言行，周围的亲戚朋友嘲笑我们：都什
么年代了，还这么吝啬！父亲一生勤勤恳恳，对工作任劳任怨。记得

我从内蒙古病退回到天津，街道给我分配了正式工作之后，父亲郑重其事地对我讲：在工作单位一定要公私分明，不准往家里拿公家的一点一滴的东西，需要什么自己可以去买。他还教育我要实实在在做人，踏踏实实做事。

父亲在生活上对自己很苛刻，但对外人很厚道，也很慷慨。在水科所工作期间，他偶尔和同事们一起翻译资料，所得稿费几乎都让给那些比他工资低的同事。他无时无刻都在帮助别人，家里人都管他叫"无名英雄"。根据他的工作业绩，水科所准备给他提级加薪，居然没有想到他会放弃，把这个名额让给了同科室的一位同事。他告诉我们"人家家庭成员多工资少，比我们困难需要照顾"。那时，他已经是享有特殊待遇的工程师了，再提高一级便是专家。在他晚年生病需要住院时，才真正显示出专家证的威力——如果有专家证就可以轻而易举地住进高干病房，我们也不至于为他找一个普通病床而四处奔走，最后还得我妹夫通过朋友关系找到院长才住进正式病房。

我上小学的时候，父亲每周六晚上回到家吃过饭，首先就是检查我们的作业，然后又给我留下许多家庭作业；听完母亲的汇报，再给我们分发食品，这是我小时候最盼望的时刻。晚饭后，在那个科技不发达的时代，家里没有电视机，父母亲只允许我在家里看课外书，不许我到外边乱跑，所以我的少年时代没有养成去外面随便玩耍的习惯，只有去读自己喜爱的书。一本字典常伴我左右，借些课外书来读就已经很满足了。记得每到星期日早晨，父亲带着我和弟弟去附近的民园体育场跑步锻炼身体，使我逐渐养成了健身的好习惯。如今我已六十开外，仍然每日清晨去文化中心健步热身。在广场上每当我看到青少年轮滑时，不禁勾起我对童年的回忆。我十岁那年冬季的一个星期天早上,父亲带我到新华路体育场,那里有人工泼水冻的溜冰场,父亲在这里教我滑冰。父亲年轻时夏季游泳,冬季滑冰,平日里跑步,曾是我崇拜的偶像。他购买了门票,同时为我租了一双冰鞋和一个冰排子。所谓冰排子,就是在座椅下的木排上钉两根粗铁丝,初学者在冰上能推着走。父亲告诉我先不要着急滑,要仔细观察,看其他人怎样滑行,怎样运用两只脚前行、倒脚,拐弯时要掌握重心,不要急于求成。一场终了,丢下冰排子,我也可以歪歪扭扭地滑着走了,他看到了很高兴,为我这么快就掌握了滑冰技巧而兴奋,于是又买票续了一场。没过多久,他用翻译资料的稿酬给我买了一双冰鞋,那是“白雪公主”牌的花样刀。从此,每年冬季第二游泳池的滑冰场上又多了一位翩翩少年,伴随着当时的流行歌曲狂奔在冰场的跑道上,为我少年时代增添了无尽的欢乐。时至今日,我在教育下一代时,也是时刻提醒他们,无论做什么事情都要先细心观察,然后再动手,要学会举一反三。父亲的一言一行使我受益终身。

父亲一生最大的遗憾,是他的三个子女都没有进入正规高等学府学习,他把希望寄托在孙辈身上。在孙辈小的时候,父亲给我们买成套的“家庭育儿教育”的书,让我们从各方面把孩子培养好。孩子们不同的年龄段,他给买各种智力玩具,开发他们的大脑。他经常给孙辈们买各种儿童读物,让我们给他们讲,教他们识字读书,从小培养他们爱读书的好习惯。待孙辈陆续上学了,凡是学习优秀,期末考试得满分的,父亲都给予奖励,从各方面鼓励孙辈好好学习,将来上大学,做国家栋梁。父亲常说的一句话:人活一天就要学习一天。他的语言和行动也影响了隔辈人,孙辈们都很争气,在他有生之年,大孙子考入天津理工大学,二孙子考入天津大学

(后又考上研究生),外孙子考上北京大学(后又去美国斯坦福大学深造,博士毕业后留在美国工作),终于圆了父亲的梦。邻居们都说:看王爷爷家,不愧是书香门第,孙子们个个都能考上大学。

两大嗜好

每周六下午,父亲从新港回到市里,从来没有直接回家,而是去座落在和平区滨江道上的外文书店。书店里的营业员与他都很熟络,大概是他经常光顾的缘故吧。他自学德语和法语,总是能如愿以偿地买到所需的新书、唱片和磁带。每次从外文书店出来,他还会去劝业场里面的古旧书店逛一逛。他平素有两大嗜好——淘旧书、品甜食,以至于我也遗传了他淘旧书的基因。记忆里也是在劝业场里面的古旧书店,我淘到一本《几何学起源》,忘记了作者的姓名,只记得是个外国人。我被书中的主人公阿基米德为求证一道几何题而被罗马士兵残忍杀害的情景而愤慨,书中阿翁研究学术知识,孜孜不倦的精神始终鼓舞着我。有一次,不知道父亲从哪家书店淘到一本扬州评话《武松》,"扫四旧"时也被莫名其妙地抄走了。这本书写得真好,完全是用七言韵语写成的,生动地描绘了景阳冈打虎英雄武松除恶扬善的惊险过程。时至今日,再逛旧书摊也难见到这本书了,看来今生今世没有此缘分了。

父亲逛完书市,还要去我小时候人们交口称诵的馋人大街——泰隆路,买一些我们垂涎的甜食,如百果粘糕、甜酒酿、炒红果、苹果脯、各种酥糖、豆根糖、沙板糖等。他特别爱吃桂顺斋的萨琪玛、蜜三刀、大了花,那是再甜不过的了。有时候也去座落在小白楼地区的起士林糕点店,买些奶油蛋糕、巧克力、奶酪与西式甜食。

待他过足了逛书市买甜食的瘾,已是华灯初上,这才回到我们兄妹三人早已翘首企盼的大理道的家。二伯父辛笛最爱吃起士林的咖啡糖,每次他到天津探亲,父亲一定给他买上二斤捎回上海,可惜现在已很难买到了。

2001年我下岗了,虽然是件坏事,但也给了我一个孝敬父母的机会,我对他们的生活习惯有了更深的了解。每天早上父亲起床后,会先喝一汤匙蜂蜜,接着将四五块巧克力一并放入他喝水的搪瓷杯里,用暖瓶水化开,然后一口气喝完。原来父亲是这么吃巧克力的!难怪四斤一盒的巧克力没有几天就吃光了。那时还没有德芙巧克力,每次我们都给他买北京义利食品厂生产的整盒巧克力,后来就改买德芙巧克力了。他92岁那年排尿困难,经医生检查诊断不是前列腺的问题,是他吃巧克力过多,造成膀胱疲软,最后无奈做了膀胱造瘘。我们很后悔,早知是这样的后果,当初就限制他吃巧克力了。同时也使我们引以为戒,多么爱吃的东西也要有度。

颐养天年

1996年,与父母居住的宿舍楼一墙之隔的航道局,因为搞基础建设,造成赤峰道3号院宿舍楼墙体出现裂缝,刹那间变成了危房。通过居民努力和港务局反复与航道局交涉,航道局为在危楼居住的职工和家属在河西区

辛谷在景兴西里新居

景兴西里购置了商品房,同年 11 月父母亲搬入了新居,一个七十多平米的偏单元,改善了居住条件,享受了有暖气的待遇,告别了多年来用蜂窝煤炉子取暖的困境。

　　父亲在景兴西里颐养天年, 他白天用放大镜看《今晚报》和《天津老年时报》,晚饭后和我们一起看"新闻联播"。闲暇时,还要看电视里的外语讲座。他很喜欢下象棋,但是他的棋艺不高,只有两个孙子经常轮流陪他下。象棋的棋盘破损了,他粘了又粘,盛棋子的纸盒坏了,他换一个铁盒装上,至今我仍然保存着,为的是留个念想。回想起他下象棋时,就像个顽皮的小孩子,经常要悔棋。走错了步就把棋子拿回来重新走,然后还笑着说:"嘿嘿,这次不算。"祖孙下象棋时总是争吵,最后孙子只好让步,谁让他在家里是最高领导呢? 更不可思议的是,父亲 90 岁那年中秋节,水科所几位领导来家中慰问,看他精神状态不像是九旬老人,于是领导夸誉了几句:"王工身体真好! 咱们单位退休满 90 岁的共有三个,那两个人都不能下地了,王工还能下地走路,真不简单!"第二天早上,他迟迟不起床。我问他哪里不舒服? 他回答说:"我们领导说了,人家 90 岁的人都不下地了,我也不下地了!"当时弄得我哭笑不得,后来好说歹说,才哄着他把衣服穿好起床。有一次我闲暇,用轮椅推着他去五大道漫步,他想再去看看老宅,因为他经常听我们讲,天津这些年变化特别大,好多地方都不认识了。他从外面观赏大理道 4 号、6 号和 8 号,以及民园东里(原永和里)这些祖父的杰作,回顾过往的欢乐和哀愁。那次到这里,他呆滞的目光突然一亮,从中能看出他对老宅无限的留恋和深深的回忆,他沉浸其中而不能自拔,微微张着嘴好像有什么话要说,持续了很久才听他说:"咱们回家吧。"我推着轮椅往家走,他还不时地回头看,好像一个小孩子被外人从妈妈身边带走时恋恋不舍的模样,让人看了心酸。

父亲工作单位地处渤海湾,常有新鲜海产品面市,他经常光顾渤海餐厅,品尝那里的清炒虾仁。每次去只点此菜,而且也不落座,立等吃过结账,便步出餐厅。父亲星期天休息,有时也去地处五大道的黄家花园一带。山西路上有个淮扬菜馆玉华台,这里的霉干菜包子很有特色,每天只卖几斤,倘去晚了只有空手而归,叹息之余下定决心下次早来。数年后他再想吃这口儿,我便在家给他做猪肉霉干菜包子,这才免去排队之苦。父亲喜欢带甜味、糟香味的菜肴,如淮扬菜系、广东菜系、上海菜系的菜。这些喜好还得从我外婆家说起。外婆有五个女儿,人送别称"五朵金花"。外公祖籍绍兴,兄弟三人婚后生活在一起,是个大家庭。家里有位厨师名字叫刘太和,擅长淮扬菜。待父亲婚后,偶尔去外婆家聚餐,品尝家厨手艺,甚是喜欢,一发不可收拾,只可惜他自己不会做饭。"文革"时期学校停课,我在家学起了做饭,这也成就了我的一大嗜好。待父亲平反落实政策,我也从内蒙古返回天津,父亲逛旧书摊时淘上几本八大菜系的菜谱送给我。我有兴趣博采众家之所长学得一二,又有菜谱辅佐,从各地菜肴搞些移植,就有了今天这些三脚猫的功夫。待父亲晚年赋闲在家,终于有机会品尝到我的手艺。每天我都会给父亲烹制菜肴,他最爱吃我做的开洋萝卜丝饼、炒南味素什锦、粉蒸鸡腿肉、番茄虾仁、白斩鸡、蒸烧肉、牛肉茶、清蒸鲈鱼等,只可惜他没能品尝多少年便驾鹤西去。我尽心尽力照顾他走完人生最后一段路程,算是没有留下遗憾。2011 年 3 月 29 日 17 时许,父亲燃尽了最后一粒烛光飞奔天国,去与阔别已久的兄弟姐妹及爱妻团聚去了,享年 94 岁。

意外发现

我在整理父亲遗物时，看到他没有一件像样的衣服和生活用品，最珍贵的唯有他保存下来的专业书籍，既有中文版的也有外文版的，我们全部赠送给他生前的工作单位以充实馆藏，继续发挥它们的作用。为此，交通部天津水运工程科学研究院向我们颁发了荣誉证书。

另外，在父亲的遗物中，我意外发现有几页稿纸，上面有诗两首，都是他 80 岁以后写的。其中一首诗是《记一次重阳登高》：

九月九，又"重阳"。
带孙子，背上饮料和干粮；
跨小溪，过长江；
爬高山，望大洋。
喜看蜃楼海市和海鸥一起飞扬，
好比姜太公八十二岁巧遇文王。
孙儿红润的脸蛋，
好像早上八九点钟的红太阳，
照耀我几根白发。
心潮如海涛，一浪高一浪。
北风起，云飘扬。
在这高山，
怕没有可避风雨的地方。
又怕会遭到雷击或山崩地陷。

大雨偏落在又陡又滑的下山小道上。
本想抄点近，不曾想反而慢，不能早点到家。

只盼大雨的时间不长，
明年或许我还能来再度"重阳"。

另一首诗是《忆苦》：

> 对照今日甜，
> 写下过去苦：
> 一个人拖着一个人跑；
> 两个人抬着一个人走；
> 整天卖力气的瘦成猴
> 成年卖抄(甩)手的胖成佛
> 街上有饿死人
> 餐馆地沟里有残汤剩饭
> 多少人暗看几个人的脸
> 多数人的心揪得很紧很紧
> 脸上还堆笑 闲扯当日天气
> 经人一批
> 忙说"是是是"
> 点头哈腰不止
> 再说不出别的字

第一首诗，我是按照父亲修改后的原稿抄录下来的。第二首诗从第五句就没有标点符号,而且几乎没有修改,是否已完稿我也不清楚,只是按稿纸上的原样抄录下来。第二首诗之前还有一句类似小序的话:"昨夜梦见:走在解放前天津南市'三不管'的大街上。"

父亲去世三年后,我有一次翻阅法国作家巴尔扎克的《欧也妮·葛朗台》和《高老头》,发现书页里面夹着一张折叠的复印件,我好奇地打开一看,原来是父亲给报社投稿时留下的,还有一张当时开具的发票,根据发票上所注日期 1987 年 7 月 5 日,推算出父亲写这首诗的年龄是 70 岁。不知是哪家报纸刊登了一篇题为《中国女影星在国外》的文章,父亲阅后便写下了一首诗《海外游子吟》:

> 漫步十字街头,
> 不知走向何方,
> 何去何从,
> 我失落在异国他乡。
> 一切是那么真确而又迷茫,
> 千真万确使我心慌。
> 大地依旧是我的母亲,
> 可是她早已似乎把我遗忘。
> 回去吧!
> 回去到那生长我的地方!
> 在那里茁长成长!

记得二伯父辛笛伉俪钻石婚之际,父亲曾写诗一首以表祝贺:"八十八岁钻石婚,文学馆里把诗存。唯有诗文传后代,宝石永远放光明。"虽然父亲写诗的水平比不上二伯父,也远不如他青年时代,但是可以看出他还是很喜欢用诗歌来表达自己心情的。

卓越成就

父亲在家里从来不谈自己的工作,而且常说自己一事无成。为了了解父亲生前的工作成就,几经周折我找到天津水运工程科学研究院李明先生的电话号码。因为与他有过一面之交,所以很冒昧地给他打了电话,请求他帮忙查找有关我父亲工作业绩的资料。大约十日有余,我又一次电话联系李明先生,他在干部档案里找到一份父亲1987年评职称时写的《个人专业技术总结报告》,并通过电子邮件发到我的邮箱。

收到这份报告我很兴奋,总算有了第一手资料。经过仔细阅读,感觉这份报告里没有具体的工程名称等。因为我记得,读小学四五年级的时候,父亲第一次带我到塘沽看一个大闸,那时候我年龄还小,对这种建筑没有兴趣。只记得大闸旁边有个大水池子,里面养了一只小海豹。当年,在海豹池边立一块大木牌子,上面注明设计者的姓名、年月等。在我的记忆里,父亲王心谷的名字也列入其中。父亲告诉我,有了这个大闸咱们就不再喝咸水了。当时父亲的脸上带着微笑,一副很得意的样子,现在回忆起来他当时是颇有成就感的。这个大闸叫什么名字,我也不清楚,从来也没有问过父亲,现在问弟弟妹妹们更不知道。于是我又一次给李明打电话,询问这个闸的名字,他的回答是不知道。这令我很失望,心想研究院的人都不知道,我还能问谁呢? 又问他是否知道父亲生前搞过哪些工程设计,他说那些都属于技术档案里的资料,保密不能随便看。

我三番五次地跟他讲，我不需要工程的具体数据，那些对我没有用，我只想知道父亲曾经搞过的工程名称，特别是那个大闸的名称和座落地点。经我再三解释，李明先生说，那只能询问院科技处了，并把科技处电话告诉了我。我立即与科技处联系，电话接通后，对方是一位自称赵洪波的工程师，因为素不相识，我先说明是李明先生提供的线索，然后又作了自我介绍，当他知道我是王心谷的儿子以后非常客气，而且一再感谢我们捐献的宝贵书籍。看起来这些书对他们的工作很有帮助。赵洪波先生说，他没有见过王心谷本人，

辛谷晚年在书桌前

但久仰大名。当我问及那个大闸时，他很自信地告诉我，你算问对人了，若问科技处其他人恐怕都不知道，因为他们都太年轻，进研究院没有几年。于是他告诉我，天津港有好几个闸，其中防止海水倒灌、使咸淡水分家的那个闸，在塘沽新港海河入海口处，叫海河防潮闸。我原来一直以为是海河二道闸，结果还是弄错了。赵工程师很热情，临放下电话时，他说有什么不明白的地方，可以直接打电话找他。后来我又多次打电话向他请教父亲的《个人专业技术报告》中的许多专业名词，这才对父亲从 20 世纪 40 年代至 80 年代，他主持过的主要专业技术工作作出归纳，主要有以下几个方面：

一、修建方面：20 世纪 40 年代父亲主持过修房。他是学土木工程专业的，修房工作对他来讲，虽然不及专业学建筑的人，但由于

他对工作认真负责,不但按时完成任务,而且还得到用户的赞扬。20世纪40年代他还主持过挖河,与他20世纪70年代参加过的挖河,所用方式几乎相同,都是打坝抽水,人下河去挖泥。当年,他用水力学计算过水断面,定水文要素(水位、流量等),用流量学放线收力,掌握挖河进度,并确保安全,在汛期前竣工,交卫生工程处使用,在排涝排污方面起了良好作用。中华人民共和国成立前夕,他主持过修桥复航工作,支援解放军南下,方便了城乡运输。同时,他还主持过天津陈塘庄建库及码头的工作,经过对地形的测量、水文的测验,再进行施工,修建仓库及码头,把市内的危险品转移到当年还是郊外的陈塘庄地区,确保市内安全。1949年后,他指导修复小码头船坞并新建仓库,扩大了小码头船厂的生产能力。

二、调研方面:当他发现海中砼(混凝土)被损坏时,及时查明砼损坏的原因,并提出防止的办法。天津港内要从南疆和北疆两处修拦泥坝,其中用木料很多,但常有蛀木虫将木料蛀坏,造成拦泥坝破溃。父亲对那些蛀木的虫害进行调查研究后,指出海中用木必须防蛀,同时提出防蛀办法。青岛海洋所、广州四航局等都曾索取他写的资料,华东水利学院水港系刘宅仁教授在所著《海港工程学》中亦曾引用。父亲还搞过航道、泊池淤浅调研,初步探索进行大规模研究的方向。同时对航道、泊地水深维护,进行指导测验及专题研究,并汇编成果。对天津南运河通航调研后,他指出由于裁弯才使水断流,经过考察后,制止裁弯,及时恢复通航。在天津一期建港前,他在审核计划时,认为原来估计的回淤数量过低,于是增调建设者来津完成疏浚任务,确保建港工程如期进行。

三、测绘实验方面:为了及时完成天津一期建港前后作规划、制模型的依据,他负责测绘了港区水下陆上地图。他还主持过地基水截力的现场实验,及时为船厂扩建提出设计数据。为了确保天津津南区葛沽农田用水,确保最低下泄的迳流流量,他成功地做了用迳流来防止咸水上潮的模型试验,使海河上游淡水得到有效利用。位于盘锦与营口之间的辽河口建闸时,他也搞过水文测验。另外还为南京水利科学研究所进行模型试验提供了验证的资料。

四、实践方面:父亲主持过潮驱引航工作,海河内的潮水为进行波,在潮驱行船可以提高吃水,加大运输量。他多次参加防洪排涝工作,解决低洼地区雨季积水问题。父亲是天津海河防潮闸的设计者

防潮闸

之一。父亲晚年时,还主持过冀东沿海港址普查,选定矿石码头位置,在20世纪80年代后期已经投入使用。

2015年10月18日,我们驱车前往海河入海口处,观看防潮闸并进行拍照。那天天气多云,又刮着四五级大风,照片的效果不太理想。这次专程来看海河防潮闸,小时候的记忆已不存在,海豹池依旧在,但小海豹不见了,池边署有设计者之名的木牌子也消失得踪影皆无。我询问在海边打鱼的渔民,他们告诉我,这个闸在十五年前进行了加固,并经过多次修葺,改变了海河防潮闸的主体建筑风格,已是天津著名风景名胜之一了。闸体两岸控制楼为仿古建筑,气势宏伟,庄严秀丽。闸楼墙壁上,镶嵌着朱德同志为海河防潮闸建闸工程的题词。海河防潮闸建于1958年,地点在天津塘沽区海河入海口处。

闸体的结构为开敞式,共 8 个闸门。它的主要功能是将子牙河、大清河、南运河、北运河、永定新河五大水系,在天津汇流后的部分洪水,经海河干流宣泄入海,同时还具有防洪、排沥、挡潮、蓄淡的作用。海河防潮闸建成后,因为防止了海水倒灌,使海河入海口咸淡水分流,改善了天津市工农业生产及人民用水的质量,从此天津人民再也不喝又咸又涩的水了。听几个老渔民们讲,1963 年 8 月特大洪水眼要从海河两岸泛滥,就是这个防潮闸全天 24 小时敞泄,最后保住了天津市没被洪水淹没。

五、著作方面:从 20 世纪 40 年代至 80 年代,父亲先后作过有关水运的报告,发表过论文及著作共 9 篇。为了能看到这 9 篇文章的原貌,我和老伴儿首先到天津文化中心最大的图书馆,查找《天津进步日报》,经图书馆工作人员指引,找到收藏有《天津进步日报》的部门,但工作人员强调要阅览这个报纸,必须持有局级单位的证明。我们向工作人员说明来意,能否通融一下,好说歹说也无济于事。工作人员一再解释,报纸年代太久了,纸质都有破损,国家投入不小的资金对报纸进行修复,所以就限制了阅览。我们也没有开局级证明的地方,只感到无比惆怅。后来又询问了其他刊物,工作人员说那些都是理科的刊物,需要到复康路老图书馆去查。看我们年纪大了,怕我们走冤枉路,工作人员热情地帮我们在电脑书库里查找一下,最后库存中只有《水道港口》这种杂志。抱着一线希望,我们乘车去了复康路图书馆,结果大失所望,其他年份的《水道港口》都有,但 1981 年的《水道港口》却没有,我们只好扫兴而归。后来通过与思姐联系,她答应在上海图书馆找找这份杂志,几经周折总算找到了 1981 年的《水道港口》第 2、3 期合刊,其中有一篇父亲的论文,思如拍照后通过电子邮件发给了我。

因为我不是学相关专业的,对父亲的文章只能做简单的介绍。1949 年天津解放后,他在天津军管会航务办事处工作,系统地全面介绍了"华北水运"情况。同年,在《天津进步日报》第一版发表过题为《治水的第一步》文章,正在国家水电部开始考虑部分蓄水、引黄、引滦和南水北调之前,他在文中及时提出水资源对国家的重要性,并主张及早以蓄代排。1950 年他在《天津工程月刊》上发表了题为《海中蛀木虫》文章,指出海中用木必须防蛀。1951 年,天津津沽大学印行的题为《市政工程》的讲义是父亲所写,在这里他提出了对市区建设的新方向,说明他很有思想。同年,在《上海工程建设月刊》中,他发表过题为《预制钢筋硷房》的文章,对 1949 年以后的建房提出就地取材建钢筋混凝土房子的建议。同时他也在这个月刊中发表过题为《防工伤、灭事故》的文章,提出在建设工程中如何防止工伤事故的发生,并提出具体对策。1955 年,在交通部父亲作了有关《新港回淤》的报告,介绍了新港回淤情况及宝贵的工作经验,供各级领导参考。

改革开放后,父亲 1981 年在《水道港口》杂志第 2 期发表过题为《治河与建港》的文章,对今后如何把治河与建港结合为一,提出新的设想。思姐发来的《水道港口》图片,我反复阅读了几遍,虽然对父亲的专业不太了解,但感觉到父亲不仅专业技术过硬,而且是一个很有思想的人。他在文中提出:一条河在管理体制上只有分管,没有主管,没有流域局、水资源委员会,会影响一条河的全面治理和资源整体的最优开发与利用。他认为可以先从体制上加以改进,然后再按照他的工程布置,对河口进行整治。他的工程布置为国家节省了大量的资金。他认为截取河口下游、形成小海湾,利用原有的天然深水段进泊巨轮,以解决当前海轮泊位严重不足的问题,并使现在的河口存在的缺点及其恶劣情况都能好转以至消除。形成的小海湾便利港航,有利于发展外贸及沿河工业,巩固国防,减免水、旱、盐碱、病虫杂草等灾害,改造河口成为海港,比直接在海滨建港有八大好处等。他认为天津海河四码头、辽河永远角均为深水河段,可以迅速发展。1986年应《中国河口》杂志征文,父亲发表了题为《辽河口》的文章,详细介绍了辽河口的地理情况及其治理办法。

六、翻译资料方面:父亲不仅精通英语、日语和俄语三国语言,而且他在工作的同时还自学了德语和法语,掌握了五门外语,为他翻译大量的外文资料打下了坚实基础。在他《个人技术总结报告》中提到,应有关方面需要,翻译过《法国塞纳河口的整治工程》《美国怎样整治河口航道》《英国泰晤士河口输沙的数字模型》《西德、比利时的防污对策》《有毒金属元素污染沿海水域的微量分析》《美国陆军工程兵团的航道试验站》等约35篇文章,不仅开阔了相关领域研究者和实践者的眼界,而且为中国沿海建设提供了大量具有参考价值的方法和数据。

七、审校译文方面:应有关同志的要求,父亲审校过《海滨变形预测》《三角洲上河床演变的数字模型》《荷兰河口防止冲刷的办法》《船在港内运动》《哥伦比亚河口建堤的经验》《巴尼亚港淤积》等约20篇译文。

从父亲的《个人技术总结报告》中,不难看出他的工作成就还是很大的。虽然他学的是土木工程专业,但是他工作涉及面广,总面临着杂乱的任务,但他目标明确,原则问题上从没有失误过,同时这也促使他不断地学习。实际上他20世纪三四十年代在国内和国外的学习,早已打下了扎实的专业功底,又掌握了五门外语,才能如此胜任多方面的工作,获得大家的尊重和认可。可即便如此,他仍然很谦虚,常自省不足。

结　语

祖父给父亲取名叫"王馨縠",不知什么时候他自作主张改成"王心谷",音同字不同。待我长大后,曾和他探讨意义何在?他告诉我:笔画少好写,便于别人记忆,与人方便,与己方便,谈不上什么典故。由此可见,他是非常简单的一个人,心里总想着别人。他在南开中学上学的时候,爱上了诗词歌赋。1936年,他与二哥辛笛合著了一本诗集《珠贝集》,用笔名"辛谷"。梦幻萦绕,时过境迁,辛笛工作之余继续诗歌创作,成为九叶长歌的擎旗人;辛谷却为水文地质、沿海港口建设和研究付出了毕生精力。

祖父的谆谆教诲——刻苦读书、勤俭持家、有日思无日的家训。这些,在父亲那里都得到传承,他用一生的言行、无私的大爱诠释着中国人民的传统美德。父亲一生对事业很执著,无论在任何条件下,他都任劳任怨,从不计较个人得失,充分体现了知识分子的爱国与敬业。"活一天就要学习一天"是父亲生前的座右铭,这正是我们做晚辈的应该提倡与学习的,我们要把这种精神传承下去。

2015年12月初稿,2016年3月定稿

我记忆中的诗人——王辛笛

于　蓉

　　读 2013 年 5 月 9 日《今晚报》副刊登载的《诗人辛笛的青少年时代》一文，勾起我对他老人家的回忆。我称王辛笛为二伯父。我公公是他的四弟，也是《珠贝集》的作者之一。记得 1984 年底，二伯父在北京参加全国文代会，会后到天津看望弟弟和其他亲戚朋友，于是在天津住了几天。上海的亲戚来津，每次都住在大哥（大伯父的独子）家。

　　那是一座西式平房，位于成都道老 48 号，原来民园粮油管理站旁边（20 世纪 80 年代末已转让出去）。一进大门，院子很大，方格砖铺就的院落，春暖

辛笛及辛谷夫妇在成都道 48 号

花开的季节里，弥漫着花草的芳香，透人心脾，使人心旷神怡。房前的花池中，有两棵高过屋顶的绒花树，盛夏时节淡红色毛绒绒的小花点缀枝头。绒花树的叶片像含羞草一样，可以开合。无论天气阴晴，只要天明它的叶片就呈打开状；若天色已近黄昏，它的叶片就会合拢，好像告诉人们，它一天的接待工作结束了。院子的右边是一棵香椿树，每年谷雨前，满树的嫩芽甚是诱人，我常去摘些，用开水烫过，切成碎末与鸡蛋同炒，佐食大饼，是早餐中的美食。若撷取

1985 年元旦辛笛与辛谷在成都道 48 号

碎末拌食麻酱面,也是舌尖上的享受,现在想起来依然回味悠长。像这种既无化肥又无农药的嫩香椿,现在几乎很难遇到了。院子的左边是一棵苦丁香,春末夏初时节开着淡紫色的小花,散发着阵阵的幽香。院子里还有一些低矮的花草树木,每逢雷雨前夕,都会散发出浓郁的清香。优雅的环境倍感温馨,使人流连忘返。那年圣诞节刚过,大哥家的节日气氛依然浓烈。在客厅里布置的圣诞树、圣诞老人人偶和一串串彩灯都没有撤掉,好像是有意迎接二伯父的到来。

1985 年元旦那天,我们在大哥家聚会。那天是我嫁入老王家门之后第一次和二伯父见面。只见他头戴一顶深色贝雷帽,身穿一件灰兰色的棉衣,棉衣的领子是棕黄色的,毛毛的。他中等身材,鼻梁上架着一副深色半框眼镜,透着慈祥又有学识的样子,看那神态,完全不像是一位七十多岁高龄的老人。他嗓子有点沙哑,说起话来很风趣,常常引得大家开怀大笑。我原以为,著有《手掌集》《夜读书记》等诗

1985 年辛笛与侄子王永一家三口在成都道 48 号

文集,在海内外闻名的二伯父会清高傲慢,因此开始我很紧张,不敢说话。没想到他那么平易近人,让我一点儿也不拘束,很快就情不自禁地与二伯父交谈起来。那时我儿子刚刚三岁多,特别淘气,我一着急喊了他乳名"晶晶",当时二伯父一语即出:"啊!这是爱情的结晶。"听了这话我的脸上一阵阵发热,但同时也感受到诗人的想象力和他的敏感浪漫。

餐桌上摆放着一个二伯父买回来的奶油蛋糕,我们一看是"起士林"的,大家都很兴奋,一下子把二伯父围拢起来,迫不及待地想早一点吃上蛋糕。那年月,能吃上"起士林"蛋糕也是一种享受。偏巧捆蛋糕盒的纸绳系了个死结,二伯父怎么也解不开,站在一旁的大哥着急了,他马上拿来一把剪刀说:"别费劲了,干脆剪断吧。"正要去剪,二伯父马上阻拦并且说:"不能剪!一剪绳子就废了。"他老人家耐心地一点一点把绳子上的结子解开,然后一边缠着绳子一边说:"这么长的绳子留着以后还能用,剪断了太可惜了。记住!凡是能继续使用的东西,不要轻易毁掉,这可是咱老王家勤俭持家的老传统啊!"多么朴实而又意味深长的一句话,使我们做晚辈的,敬慕之情油然而生。这件小事,体现出中国人勤俭节约不浪费的美德。这样一位留学英国的诗人,他的经济收入并非微薄,但他始终没有忘记祖辈创业的艰辛,没有忘记王家的老传统,用一个小小的动作感染着在场的每一个家人,能不让我们敬佩吗?二伯父持刀开始为我们大家分蛋糕。再看看我们淘气的"晶晶"早已老老实实地坐在餐桌旁,随着二伯父的刀起刀落,他目不转睛地看着一块块蛋糕送到大人们的盘子里,当二伯父将一块蛋糕送到他盘子里的那一刻,他那高兴劲儿就甭提了,提高了嗓门大声说:"谢谢二爷!谢谢二爷!"然后用小勺一口一口地吃起来。时间过去了近三十年,二

1985 年元旦辛笛在切蛋糕

伯父的话一直萦绕在我脑海里,并成为我至今勤俭持家的座右铭。

2012 年是二伯父的百年冥寿,我和丈夫有幸参加了中国现代文学馆举办的诗人王辛笛百年诞辰纪念座谈会,参观了他的生平创作展览,对他有了更多的了解,也让我们更加怀念这位老人。

写于 2013 年 5 月

查找天津《大公报》辛笛之文有感

王　永

2014 年 12 月，一个阳光明媚的日子，午饭后老伴儿和我带上纸笔及有效证件，乘坐公交车到天津市图书馆拜访。按图索骥乘电梯直达五楼，找到现代文献部。我们出示身份证并登记姓名后，在文献部工作人员的热情指引下，在一排排书架中很快找到天津《大公报》。

我们按照思姐在电子邮件中提供的线索，除了她已保存的 1928 年二伯父辛笛集中发表的作品十多篇外，需要查找 1927 年、1929 年、1930 年、1931 年《大公报》上的"小公园"栏目，那里面还应该有二伯父辛笛发表的微型小说、散文、译文和翻译的名人警句。我们从 1927 年出版的《大公报》按年逐月查找。文献部的《大公报》是精装缩印版的，每版的版幅大约是原来的二分之一，两个月合订成一本，一年六本。我们老伴儿每人各持一本，快速地翻找浏览着，恨不得一下看到所需要的文章。时间一分一秒地过去，直到图书馆工作人员都下班了，我们也没有找到一篇所需文章，只好把希望寄托在以后的日子。

从那天起，除了周一、周六和周日外，我们几乎每天都保证有半天时间去图书馆。第二天又是整整一个下午，仍然一无所获。时值隆冬，外面寒风凛冽，图书馆里很暖和，虽然我们上身只穿一件 T 恤，但焦急的心情让我们一阵阵浑身冒汗。第三天，查找工作进行了约两个小时，《萧伯纳语录》和"一民"几个字，突然呈现在我的眼前,我马上精神抖擞,但又将信将疑,心想:这是二伯父翻译的吗?我赶快让老伴再看一下,经过核实,二伯父曾用的笔名有"一民""心笛"等,确认是二伯父所译语录之后,我们的脸上都绽放了笑容,同时直了直腰板放松一下,不由得长出了一口气,总算找到了一篇,真是功夫不负有心人哪!激动的心情使我们顾不得再去查找其他文章,我们一起默读二伯父翻译的这篇语录,读了一遍又一遍……接着我开始记录:1929 年 10 月 1 日《大公报》第 15 版"小公园"第 633 号。这一下可增强了我们查找的信心,继续找!一会儿,不费吹灰之力,在 1929 年 10 月 13 日又找到了署名"心笛"的译文《昧性》,柴霍甫原著。我想马上把这两篇文章复印下来,但问及文献部的管理员时,她的回答令我很失望。图书馆里没有这项服务,文献部的资料一律不外借,也不允许拍照、摄录。总而言之,只能用笔一字一句地抄,一切捷径均不可行。我们大约又连续去了四五次

《大公报》刊登的辛笛文章和译文抄件

文献部,查找工作一气呵成,又找到了署名"心笛"的两篇作品:微型小说《河滨之夜》(1930年2月27日)和散文《泪和笑》(1930年6月2日)。新找到的这4篇作品,从未收入过二伯父辛笛的文集。

查找工作结束了,在确认没有漏查的《大公报》之后,我和老伴儿开始分别抄录。虽然有放大镜和新华字典陪伴,但誊写过程也不是很顺利。《大公报》缩印版字非常小,有的个别字,缩小后墨迹太重,借助放大镜也很难辨认,只能前言与后语连贯起来反复猜测,读通后再确定。以前都是繁体字,好在我有读线装古书的经历,若是现在内地的年轻人,也许大多不认识繁体字了。全部誊写完毕,我们如释重负。

我们抄录的过程也是阅读和学习的过程。当时的二伯父也不过是十七八岁的中学生,能利用课余时间翻译名人警句、外文小

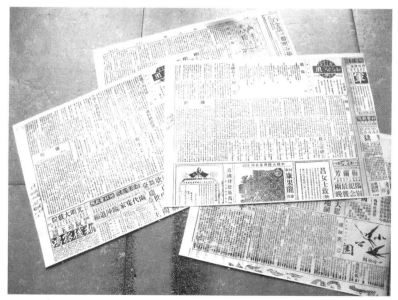

刊登有辛笛文章和译文的《大公报》缩印版复印件

说,以成年人的视角与心态,以及扎实的基本功写了不少通俗易懂的文章,大多发表在 1928 至 1930 年的《大公报》上,他与《大公报》结缘七十余年呢。

记忆里不知是哪位名人曾说过:精彩的文章源于生活。他老人家那时还很年轻,也没有什么生活历练,居然能写出如此精湛的文章来,实在令我钦佩。细读他的作品,我从中感受到他老人家敏锐的洞察力、丰富的想象力、浪漫的才情和成熟的心境。这大概与他从小就读了很多中国古典和现代以及西方的作品,同时对生活深入细致地体察是分不开的。

2015 年 7 月

辛谷早年诗文

王馨穀

我还是怕狗

我在空地上练习赛跑，汪汪的吠，吓我一跳，哎唷！怎么好？往前跑，怎跑得过狗。往后逃，它定要咬我一口，只好立定了，拿个石子，照准了狗，一下子，汪，汪，汪，它跑了。我心里还扑通扑通的跳，哎唷！好危险唷！

——天津《大公报》(1929 年 9 月 29 日)

双十节之村塾

在一间广大的茅屋里边,望里边一看,约莫有学生十几,靠门坐的? 却是一位威严不可侵犯的先生。

突然"赵钱孙李""天地玄黄"的声音停止了! 学生都站起来! 先生拍桌一问,干什么? 学生心中一跳,吓得都说不出来了。还有一个胆稍大些, 便结结巴巴的说道,"先……生……今……天是双十……节,请……先生……放学半……天。"先生说道,"放屁,一年只有三节,那里有双十节呢? 真讨厌,想放学便想出双十双九的名辞了。"学生又结结巴巴的说道,"双十的意思,是十月十日呀,"先生把戒方拍响说道,"今天九月初八,怎么是十月初十呢? 再不快点念书,非要重打不可了。"说过又把戒方一拍。果然,真有效,一拍之后,"天地玄黄"的声音,又遍满茅屋了。

*　　　*　　　*

你要知道:
昨日美丽的蔷薇,
竟红寂香消;
休望着明日的黄花;
须晓得,明日是不可靠。
小朋友啊! 光阴去的不再来,

将来的更不可靠,

惟有现在这一刻是的确真实,

且莫要轻抛,让他飞去了。

一九二九,十,三

——天津《大公报》(1929 年 10 月 20 日)

编者注:本篇刊出时署名后括注有"年十三岁"字样。

问小猫

阿花,你为何不顾了它?它育你抚你,养你到这么大。我曾看见它,捉了老鼠还丢下,好教你他日能够自食呀!我曾喂过它,它却嚼碎了,一口一口的喂着你,恐怕你不消化!呀,阿花,你怎么今日就不顾了它。

（住址　英租界三十三号路二十号）

——天津《大公报》(1929 年 10 月 27 日）

对　镜

对着镜子自喜，
　正是你的红颜照耀人家白发的时候，
　　渐渐你的眼睛要变成一面镜子，
　　　让别人的红颜在心头浮沉一片难受。

——《南开高中生》(1936 年第 7 期第 23 页)

风前烛的少年

我的泪流向清虚
　眼泪安憩了心灵
　　少年的心和感情
　　　永伴着鲜花的年龄

被磨擦成个球
　本能是随遇平衡
　　沙漠里的风漩起的悲哀
　　　老年的心笑着少年的感情

——《南开高中生》(1936 年第 8 期第 20 页)

编者注：这首诗收入《珠贝集》时改诗题为《风前烛》。

婢与姆

夜深了,昏黄的煤油灯光下,二妞强睁着眼,推送着摇篮。全然没注意房子里别的东西,也全然不晓得半掩胸前的衣服给奶汁渗透。一双呆滞的眼神,凝视那模糊摇动的阴影。那个悲痛的摇晃,闪动电影般的事物,于是要合拢的眼皮下,不住不休的淌下眼泪。

"少爷娶了少奶奶了,……"想到这话,全身肉颤。注视够了面前黑越越的一团,这时候,摇篮在那里摇她。她看见无助的哭,在方砖上乱滚,晕过去,伙伴们说是中邪。

"啊,母亲,送(这)样忍耐,为了你女儿。"

接她回去,在朦胧里哭诉给母亲:肚里有了六个月的那个了,……听到劝慰的话,本能的斜看一眼,那苦痛而无力的面容,是她一辈子也忘不掉的。

家里,两个月二百年像的长久,生下个男孩。奶这孩子,端详他面孔,不由得不伤心,哭起来。隔壁张婶劝她:"Y姑娘,再不要伤心!这总归是个命,谁教你和他前世结冤家!世界就(这)样子:只许男家不要,不许女家不跟;何况(愣着了),……也不必老虎守着石狮子,自打自的注(主)意吧!"青年守寡的母亲,沉默而阴黯的陪她洒泪。二妞觉得自己掉到没底的涧里。

孩儿满月后,母亲告诉女儿:到主人家,背人哀求少爷,"她,闺女,养了个小子,怎样办呢?"他皱一皱眉头:"她!他扔掉就是了,孩子,扔掉就完了。"不巧少奶奶闯进来,问:"什么事?"他没事般冷漠,答:"我问她,奶妈的事情。"便转过来,"孩儿几个月了?奶水足吗?"少奶奶格格笑起来,"和我们小少爷同月份呢!我听人说,孩儿吃同他月份的奶水最好,叫来试试吧!"

又忿怒,又嫉妒,哭着决意的回答,"我一生一世再也不进他家的门。"他(她)有几句话要说:"即使他没有父子的情分,这孩子我要养活!但喉中仿佛有东西格着,躲开母亲的眼,用泪水和哭声泻出心头的苦痛,等胳膊被摇,听到叫声闺女的时候,已经哭得够了。母亲的哀求:将来怎么生活呢?面前现出一个极大的苦字,那是答案。她沉默了,什么的梗住了喉咙。

转天早晨,孩子不见了。母亲说,由张婶抱去,让给别人,是一对年老无子的夫妻呢。她十分明了孩子的遭遇,大哭起来,"他一时的娱乐,种下我永生的苦痛。"

决定回到主人家奶孩子,横抱着小主人,看着和自己儿子相同的面貌,心头感到一阵凄凉的苦味:"两个完全不同的命运——只不过由于亲娘的不同吧!"

二妞抽烟(咽)起来,小主人忽然"呱"的一声哭了,告诉她忘了摇摇篮,忙伸过手去。

今天第一天做奶娘,整天流眼泪,少奶奶看见,笑说太恋"家"了。其实她恋什么"家",是愁她自己。清楚那个人——和她发生夫妻关系的——冷冷的话:失去女儿的资格,丢掉孩子,被人遗弃,还得战兢兢向厌恶的人讨索一点生活的费用。

无话可说,苦命苦命,受忍心男子的侮弄。男人毕竟是男人,失身后的女子是一文不值了。宣扬出来,立刻可以收到别人随意的侮辱。不幸的来源:在一个燥热的夏午,蝉单调的叫着,室的沉寂里,半自动的被他追迫到厢房里,无抵抗的一位有力的拥抱……。

"唉"摸着身上的踢打的疤痕,她想起被打后,还忍痛让他拥抱乱摸,舌头舔着流下的泪,体会到人生的涩味,耳边响亮着他誓言,便瞿瞿的哭。被他毁了一生,被他取了可以称作女人的一切。憧憬的不过是彩色的肥皂泡。将来更险恶,更可怖的事情朦胧的在眼前现出。

"统治奴隶的人,找不出一个有良心的!"印象闪电般的从一团黑暗里显示给她看,变作输精器,或洋囝囝的,奸淫后被杀害的,被当作卖买的,精神和肉体的苦痛折磨死的……同等地,同一命运,互相怜悯的不幸的一群。脆弱的心给模糊不完的命运摇动了。

梦似的看见不同的笑着或怒骂的人——"没羞没臊的烂婊子,没廉耻的,"想到赌气和母亲到这里来,没问母亲对她那些伙伴们,怎样支吾的。"你的小孩子从那里来的?"她说什么呢? 他们的眼内闪着异样的光,带着快意的笑。

"唉"叫了一声,眼前一阵的乱转,她摇着篮突然停止了。

——《南开高中生》(1936 年第 9 期第 33—34 页)

诗三首

(一)囚牢

这里有法律

没有真理

霉腐的气息

霉腐了人的心

梦见太阳地欢笑

看见了忧愁怨恨的运命

(二)生活

我们生 我们死

少年有心

老年有梦

不为了现在

而为了未来

现出你的颜色

放出你的芳香

学激流里逆泅的蝗蚁

做生活的担当

(三)人

悲哀和你同在

你的姣艳

你的强健

告诉你只有今天

——《南开高中生》(1936 年第 9 期第 46 页)

编者注:《诗三首》中的前两首收入《珠贝集》,但《囚牢》的版本略有不同。

给——

我们不久便要变成没有祖国的孩子。我们会到处受到侮辱，因为"××？在世界上已没有××这国家。"我们受苦也吧（罢），终不成教我们的孩子们，我们的幼小者们受苦受难，他们是没有罪过的。三年前，我曾在我们学校讲过青年的烦闷，记得有这几句话，"走到这里，生活到这里，意志上受着拘缚，精神受着绞刑，甚至幼者们的希望都给我们断送了——我们每天可怜我们自己，抱着紧张的情绪，悲愤而战慄（慄）着思量的时候比宽释的时候多。……我们感到喘不出气来。——压力是更大的压迫着我们，而弱者们的血是无垠无限的流着。我们的祖国现在是在更大的压力下挣扎着，我们看着衰弱了的她，就和对着镜子，看着自己，一天一天的衰弱下去一样的难过。"不幸的现在，大家都这样嚷着。有许多烦闷的同志，我并不欣喜，无宁看着大多数对我讥笑的面孔好些。我希望再不要把这种子广播成社会间每个分子的悲哀。这是我们的责任。

我们要相信在重重的事实束缚之下，私情私利包围之中，民族生命的得救，在我们的力量。不要忘记难过的现在。高二的同学要切实记着三千人同在广场上痛哭的时辰。别的同学要从他们得到感动，同情他们。我们放弃舒适的生活和惰懒的时光，用南开的"顶""干"精神，追求体智的乐趣，培植我们的力量。我们的力量，永远记着现在这时候，要"能"，为"公"，准备把自己供献给民族。守着青白红的祖国国旗永远飘扬在祖国的国土上。那是中国人的责任，是我们的责任。

——《南开高中生》(1936 年第 9 期第 50 页)

蔡琰悲愤诗之品赏

就诗论诗,本篇是一女子自陈:始为胡羌所房,"但(旦)则号泣行,夜则悲吟坐。荣(欲)死不能得,欲生无一可。"已极生人之苦,继处"边荒与华异,人俗少义理"之境,迎问宾客,不乡里之思;幸遇骨肉迎己,然又要"尚(当)复弃儿子";受同辈羡慕以别,而家破亲亡;"托命子(于)新人",因"流离成鄙贱",又捐弃(弃)是恐:每一层折辄是万难忍受,不堪设想之境地,刻划深微,稍弛即紧,对于所描写之人不容情地加以精神上之酷刑;是作者结构上之成功。

次论文章曲折:第一是手腕经济,说"马后载妇女",而未明言已身被房;"尸骸相撑拒"可知抵抗之烈,杀人之惨;"边荒与华异,人俗少义理"便知"长驱西刀(入)关"之归宿,"我曹不活汝"知卓众之凶践,与俘房之偷生;"肃肃"形容风声,显出心情之悲壮恐怖;"边荒与华异",水土不服可知;"人俗少义理","己得自解免",习俗不合,受非人待遇之情形可喻;迎问客人消息,辄非乡里,知音讯之荒疏隔绝;"或(感)时念父母"识父母尚存;"尚(当)复弃儿子,"悉其在胡中育有儿子;一言"念别无会期",再言"岂复有还时",三言"何时复交会",审渠将一去不返的脱离胡中,即归汉,而不须言明。第二是刻划愈深,有"还顾邈冥之(冥),肝脾为烂腐",而"岂敢惜性命,不堪其詈骂","欲死不能得,欲生无一可。";"人言母尚(当)去"而"岂复有还时";"阿母常仁恻"而"今何更不慈","天属缀人心"而"奈何不顾思";"不忍与之辞"而"儿前抱母(我)颈";"旁人相宽大"

而"吴(虽)生何聊赖",实无可宽慰;"托命于新人"而**常恐复捐弃(废)**",未足以托身。第三是情调抑扬,如"有客以(从)外来",而"辄复非乡里";"已得自解免",而"当复弃儿子";"哀叫声悲摧(摧裂)"慕其得归,而"既至家人尽";"去去割情恋"而"念我出腹子,胸臆为摧败。"测览一过,便令读者精神,紧弛更迭,如受绞刑。

三论描写之有力:"旦则号泣行,夜则悲吟坐。欲死不能得,欲生无一可。"行坐失惜(措),啼笑皆非之情态活现,承上"欲言不敢语"。"我曾(曹)不活汝","不堪其詈骂。或便加棰杖"言之,可知非诗中人善于作态也;"所向悉破亡,斩截无孑遗,尸骸相撑拒,马边悬男头,马后载妇女"。胡兵猖獗暴虐之状如绘;"不堪其詈骂,至令人岂敢惜性命"之程度;"翩翩吹我衣,肃肃入我耳"写"胡风春夏起";"恍忽(惚)生狂痴,号呼(泣)手抚摩","马为之(立)踟蹰,车好(为)不转辙",是"当发复回疑"的心情的具体化;"城郭为山林,庭宇生荆艾",沧海变换,故宇荒凉;"茕茕对孤景,怛咤(咤)霏(糜)肝肺"有教人目怵心惊之状;"人生几何时,怀忧终年梦(岁)"慨人生多苦,总束遭际之艰。

赞曰:减去脱卸转接之痕,若断若续,不碎不乱,读去如惊蓬坐振,砂砾目飞。(见沈归愚《说诗粹语》)

——《南开高中生》(1936 年第 10 期第 64—65 页)

团 结

初春的下午,在号房引导下,他们苍白着脸,迟钝的走进 K 局接待室。那是一间冰冷,静寂的屋子,像不见阳光的地窖子。阴暗内躺着沙发和紫檀木的几凳。光线无力的散漫着,在白的沙发脊上呈出青白的光,物件背后印着阴沉的黑影。黄色墙壁上仿佛淡淡地罩上一层冬天炉火的煤烟。这些立刻爬进他们心头,深切感到了一种可怕的幽暗,灰色的沉静。忧郁和苦闷浮动着,摇撼而且咬啮他们底心。为头的一两个略让一让坐,都坐下了。充满了幻灭的悲哀的空气里,畏怯而仔细的心灵空虚的跳动。相邻的坐(座)位让他们自然的靠在一快儿。墙上的大钟"的搭","的搭"的响得异怪。

K 局是 H 埠码头上脚夫的管理机关。去年 X 国人占据了 H 埠,便由他们接手了。货物的搬运受"公事公办"的影响;暂时没有销路的货物,偏教脚夫搬上了栈房,能畅销的东西,得搁置在船上。故意的捣乱不像从前那些要金钱的中国人容易对付。每个商人有一二十只船,货物不流通,没有利息,暗暗叫苦,派他们来请愿。

听门外的皮鞋声近了,惶惑着他们悚然了,知道这走着的人矮而结实。

不一刻,一个 X 国人出现在门前。带着一种骄傲不屑的态度,表现出他的自觉。

几乎同时站起来,又本能的弯下去;凄凉的感觉到现在再不能不给人家低下头去,被人征服了的,被别人改变了国籍的他们。

回了礼,冷冷的拖长了声音,X人用中国话问:"诸位,来到这里,有什么事务呢？"然后锐利的眼光在屋子里打旋,"请直接了当的说。"

统统感到一阵冰冷的袭击,一个可怕的寒噤。三个被选出的发言人——X,Y和Z简直被恐怖罩着。

年轻的Y,眼皮上下交接,眼球永远是固定的,晶亮的向前看着——一种凝视的样子。头在那里费力的移动,面上呈出玫瑰色的红晕。

"咳,咳,咳,"X用力轻声的咳,想咳清嗓子,因为心跳冲着喉咙。垂着眼皮,眼睛半眯着像条线,盯着对面的墙。脸庞起初速速的泛满红色,渐渐淡薄下去。颜面部肌肉不住的起着痉挛。

屋内的人冷着,愣着。X国人不耐烦的摆头,怀疑,望着他们的脸。

Z几次看X和Y,镇静了慌怯,迟钝的微笑,那双眼不住的向两边梭动,向上翻白:"是的我们受了商会的委托,请求贵方……"是机械一般的准确。

"啊,……"X国人冷着脸,半似催促的应着。

"是的,是的,先生,……"X和Y抢着说,频频的点动下巴。

Z停顿一会,略皱一皱眉头:"本来K局承贵国人管理,非常的荣幸……"

"是的。"X国人应着。

"不过,人生事杂,……很多不便的地方,……似乎,贵方,关于K局的事务,贵方,似乎还是让当地的人管理,好些。……"说完了最后一句,他胸头像吐血后一样的清爽,又迅速地补上一句:"这,这样,双方面都便宜!"

"是了,就是这意思吗?"X国人阖拢嘴唇,现出坚决的样子。

Z错乱的答:"就是这样的。"脸上现出纷乱的状态,刚稍微松懈的心情又紧张起来。

X国人的眼光开始一一的注视了,被注视后的人重新强烈的被慌张迷惑的心情所占有。

"好,你们不都是反对X国的管理吗?"声调特别提高。

回答的是一些杂乱的嗫嚅的语句:"不是","不是这样说"。我们并不"反对"……。听了这个。Z咬紧牙关,低眉看地。

然而X国人不理会,忿怒的走进客室的套间。一会儿,庄严的走出来,捧着一张白纸和笔,在每人面前晃着,说:"反对的人请在这上面签字!"

立刻有柔弱的抖颤的声调曳:"不,我没反对。"每个的行动从他的团体分开。

捧着纸,笔走了一遍,X国人拿着那张仍旧崭新白亮的纸,睁圆眼问,"那么,诸位,来到这里为着什么事务呢。"脸上却透露一丝笑意。

全都愣着了,某一种思想凝结他们语言的能力。

X国人脸上笑容扩大;和蔼而委婉,"诸位,不愿意耽误诸位的时间,假如没有别的事务,"眼看着门儿。

你看我,我看你,代表们脸上都现出一种恐慌——回去要为难的恐慌。

轻缓的走到门旁,X国人注视着他们每一个,低声说:"众位,请走吧!我们是同文同种的,不必讲这些客套了。"脸上的笑容十分的饱满。

眼看他们的佝偻的背影全都迟钝的移动出去。他顿脚大笑起来,做出一种惊异时候的姿势,摊开了他的双手。

——《南开高中生》(1936 年第 9 期第 74—76 页)

肉食者以外

空山冷庙里响亮热梦的呓语
惊吓中长大了的
城头上的鸟雀噪叫
不同的声调
相同的口号
祖国的生命线上栽上刺刀

天涯的孤儿们
夕照中的蚊蚋
不为了饥渴
不为了金钱
不忍大的回光返照
激昂里哽咽的悲凉

——《南开高中生》1936 年第 11 期第 21 页

我的回顾与前瞻

渺茫时候的回顾,想起已往的童年,正如黄昏,在旷野上,对着一片苍茫,却回头看见几盏疏疏落落的灯火,来沉静的温暖自己的心。

孩子的笑;和先生斗嘴的神气;打粉笔头的姿势;下午运动场上运动员的驱驰;军训操时的行列队形变换;晚上自修室里的嗡嗡念书声;高兴孩子们的恋爱故事。这些都甜蜜,都温暖,都富有诗意。可是现在的他呢?一切都云霄相隔,徒印上一层轻松的忆痕,给这寂寞的人以虚渺的感觉而已。

他想起一天晚饭后散步的当儿,一个女同学无意间掷给他一个温柔的笑波时,不禁笑了。脸上飘起一层红晕。

晚上医生来了一次,捻了捻脉搏,听了听肺筒,略看看舌头,出去了,一声不响的。回头看护来说的又是一套半带安慰,半带报告病况的含糊的话。最初他只患感冒,现在可变成伤寒了。另外还有别的症。他恨极了看护,他恨极了医生。入院一天了,才来看一次病,才知道一点自己的病况。他觉得他们都是杀人不厌多的刽子手,眼睛只看得见钞票,那(哪)看得出病人的痛苦;他们面上都满堆着慈爱的笑,肚子里却满装着男盗女娼的丑陋思想:那个看妇的皮肤嫩白,那个看妇的眉目修长,那个看妇的口唇红,香。

他想大叫出来,他直想马上跑回学校去,可是一身冷汗,肚子一阵疼,两腿的疲倦,又将他软下了。他喘着气;他只想快点死;快点离开这恶浊的世界。一切都是可恨的。

病情的转变和加剧,使他的心平静了。他不再想什么,一切在他心中,都是那么飘渺,像一片鸭绒似的。他只觉得需要点什么。母亲的手,姊姊的声音,都在他心中重温起来。他感到一阵舒适,周身像掠过了微风般的痛快。可是接着又消逝了。两股感到疲倦,两臂酸酸的,肋骨,背皮都胀得疼。他闭上眼,家乡的情景又画在前面:门前一道小河,拱拱的浮桥,小狗时在上面吠着,河对面的红庙里每逢节日人民朝拜的情形,有的瞌(磕)头,有的烧香,有的打钟,……。等他一张开眼时,只有白布白壁的无气的叹息。他觉得被褥太硬了,他想叫护士加上一床。急促的呼吸,喉头一阵痒,又使这意念轻轻的飞了过去。

他似乎到了一个地方,是漂去的。一条水声潺潺的小溪,两岸满生绿叶与绿树。叶丛中有红熟的樱桃。他摘了一颗顶圆的,用手巾擦了擦表皮上的蕞毛,咬了一口。忽然一切都变了,他正蹲在家中的小院里,父亲从大门外走进来,不说话过去了;姊姊从侧门进来,瞟他一眼走了。一只小白狗在大门口睡着,他觉得它也可厌,跑去踢了一脚。狗走了,还回头看他两眼,他无聊,走出大门,跨过浮桥,照直向红庙走去。红脸的关爷,在正中坐着,左旁有白脸的关平,右边有黑面的周仓。他笑了笑,眝神看着关爷的雄伟的身躯和广阔的额角。它动了,它立了起来,豁然一声向他倒来。他提脚就跑,右脚钉住了。呀的一声,他哭了出来。

医生,看护士,和两个同学在他床沿上坐着。一个同学抚着他的额,一个在旁呆呆注视着他。他们眼泪盈盈的。他们见他清醒来,都嘘了口气。他眝眼看看他们,泪水的薄膜,只使他们影子似的模糊呈在眼前。他以为他们是魔鬼,想伸手去打他们,身子一动,他又昏迷去了。

黯然的电灯光印在白色的墙壁上,加上一层黄色的油晖。门外挂钟的提嗒声,孤寂的响着。一声喇叭从远处传来。医院门外的柏油路上,再看不见顽皮野孩子的脚印,洋车夫又在打着盹,风没有暖意。电杆上的电灯翻着灰色的眼和远处中原公司的红绿电光相映着。

在五月十四日早上三点钟时,中国北部一个大都市里,一个年青的人又永远闭上了眼。

一九三六,五,一七。

——《南开高中生》(1936 年第 11 期第 31—32 页)

以虫鸣秋

午夜当空月似霜
虫声悲切叫凄凉
想因风烈无衣褐
促织鸣秋夜夜忙

——《南开高中生》(1936 年第 12—13 期第 28 页）

夜　雨

滴滴秋窗惊好梦

潇潇打叶动乡思

小楼不比春宵听

聒目添愁冷透肌

——《南开高中生》(1936 年第 12—13 期第 28 页)

孟子对于生活的态度

"所欲有甚于生者,所爱有甚于死者",生存是手段,不是目的,"口腹岂适为尺寸之肤哉",睡下原是为了起来的。生也有涯,如不尽性践形,转而自暴自弃,则一世生存实即一世之死亡。否则"何惜微躯尽,缠绵自有时"也。

生命固贵,然有超生命者在,故"富贵不能淫,贫贱不能移,威武不能屈"。"虽大行不加焉,虽穷居不损焉",所谓"非其义也,非其道也,禄之以天下,弗顾也;系马千驷,弗视也",亦有道义而已;故"可以得生者,而有不用也;可以辟患者,而有不为也"。

以小从大,无养小以失大。儒家讲究"寡欲",即佛家所谓的"应如何降伏其心"。儒家说:"俭以养德","非淡泊无以明志"。佛家说:"心无挂碍,不住色布施,不住声音味触法,不住于相"。如此则"人有不为,而后可以有为",既是"应无所住,而生其心",即是"得成于忍"。

儒家说"命",说"分",说"顺受其正",是教人求"其有益于得者,求在我者","不惜歌者苦,何论知音稀"也。"人人有贵于己者",穷则可以独善其身,达则可以兼善天下。富贵利达,得失一概委之于"命",于"分";良以其为可为,而不足为,不必为。因为富贵利达,是有限制的,是人人不可得而有之的,尤不可因而失迷本心,出卖人格,"焉有君子而可以货取乎?"此种身外之物,得失只好委之于命。志士"居天下之广居,立天下之正位,行天下之大道","得志与民由之,不得志独行其道","**彼以其富,我以吾仁**;彼以其爵,我以吾义"。自有天爵可修,"永言配命,**自求多福**",但物质上"不忘在沟壑"。

君子恒存心曰:"舜何人也,予何人也,有为者亦若是。"故"有终身之忧,无一朝之患";"鸡鸣而起,孳孳为善;君子之志于道,之成章不达",以勿忘勿助长之态度,扩充恻隐,羞恶,辞让,是非之心。"常恐霜霰至,零落同草莽"故也。是以君子与人为善,"闻一善言,**见一善行,若决江河,沛然莫之能御也**"。

"行有不得者,反求诸己","不怨胜己者,反求诸己"此勇之由来也,有如此立身之精神,方能"持其志,无暴其气,""自反而缩,虽千万人,吾往矣"。老子四语:"知人者知,自知者明,胜人者有力,自胜者强。"反求诸己者,**明也,强也。知人**不如自知,自知则可以无惧于己,胜人不如自胜,**自胜则可以**精进不息。所以"人必自侮而后人侮之"。

"哭死而哀,非**为生者也**;经德不回,非以干禄也;言语必信,非以正行也"。孟子是反身而**诚**,不是貌为道义的。他说:"声闻过情,君子耻之"。可见**他最注意"真"**这个字。他最讨厌"所求人者重,而所以自认者轻"的虚伪态度。

易卜生说:乱世上,就如大海内翻了**船,**最要紧的是救出你自己。即是孟子说的:"独善其身","归洁其身"。这并非自私,因为没有能力,或陷溺之身,而欲拯人济世,不啻从井救人也。这种工夫如何做法,是"**苦其心志**,劳其筋骨,饿其体肤,空乏其身,行拂乱其所为,所以动心忍性,**曾益其所不能**。"因为"**人恒过**,然后能改。困于心,衡于虑,而后作。**征于色**,发于声,而后喻。""操心也危,虑患也深,故达。"修养却有几种程度可分,如"**可欲之为善**,有诸己之谓信,充实之谓美,充实而有光辉之谓大,大而化之之谓圣,圣而不可知之之谓神"。其效果是守约而能施博:独善是守约,兼善是施博。

参考书:《孟子》
注:此文蒙叶石甫先生削正,特此志谢。

——《南开高中生》(1936 年第 12—13 期第 29—30 页)

命　运

一个轻轻的煽动

一个惊怖的恶梦

一个人哭

一个人笑

一生一个失败

英雄变了颜色

命运注定了的

怒极是怯极的

——《南开高中生》(1936年第 12—13 期第 65 页)

烬

一如瓶插的鲜花
捲缩得如秋天内的落叶
秋风秋雨内伸了腰
昨日青春的火
镜里燃烧

悔昔日的因循
陪伴着无限的温情
暗暗的死
已不复苦楚我的心灵

——《南开高中生》(1936 年第 12—13 期第 157 页)

献给师长

月光样的爱
怕夜惊吓了你
给你安慰
给你希望
葬送生命于新生
何曾有一时间的怅惜
盼春草的样的长
忘却自己的发披上霜光

——《南开高中生》(1937 年第 2 卷第 4 期第 63 页)

编后记

王圣思

小书得以完成并能够付梓,需要感谢的人很多:

问津书院的王振良先生和天津社会科学院出版社的张博先生给予了难得的出版机会,并耐心地等待和细心地编校书稿。《今晚报》副刊彭博编辑,曾约稿并压缩发表了其中的片段。

上海图书馆陈蕾女士费心代为查找《国闻周报》(有父亲的两篇译文)和《水道港口》(有四叔的文章)等杂志。

中学同学刘善龄兄帮忙在网上查到父亲兄弟忙当年发表的讣告,留下了祖父所造小楼当时的地址,还查到父亲一些诗文最初发表的刊物。

靳以先生也是天津人,她的女儿南南姐,提供了她父亲、二叔(均是我父亲的好友)与南开中学同学的珍贵合影;父亲的老友孙浩然伯伯的孙女孙田小友告知了她祖父就读南开中学的情况;我还采用了沈建中、陈青生两先生所摄的照片(一为父母晚年的合影,一为抗战期间父母代国家秘藏古籍珍本的在沪旧宅)。这些都为本书增色。

在高校任教的学生王芳、在出版社工作的学生钱江，都在繁忙的工作之余，帮忙校读了书稿并提出很好的意见。

在天津的堂弟王永和于蓉伉俪，参与了本书附编"亲人篇"的写作和拍照，他们对天津较为熟悉，并及时从大伯之子王湛大哥那里获知有关的情况，成为我撰写与天津及老家老宅相关内容的顾问；在我为写作忙碌而无法分身之际，他们又代为去天津图书馆辛苦查阅《大公报》，新发现并抄录我父亲的诗文译文四篇；而他们的儿子儿媳化平和雅静，在紧张的工作之余既为父母编辑照片文字，又代我去南开等地拍照以供选用。

圣群哥和圣珊姐都仔细地阅读了书稿，并提出了修改和补充意见。圣珊还提供了重要的史实依据："老爸和我倒是讲过他用'尔德'的笔名之事，说是因为王尔德的名字关系，那时他送我《快乐王子集》，我这个小学生第一次听到英国/爱尔兰作家、诗人、散文家、童话家'王尔德'的名字。后来觉得老爸很有想象力，把 Wilde 当作姓王的来用他的名字作笔名。"

所有为本书尽心出力的诸位，在此一并表示深切的感谢！

最后需要说明的是，父亲早年发表的诗文、译文查阅的是天津《大公报》，大多为影印压缩版，因油墨痕迹太重，有些文字无法辨清，就用"□"标出；有的是排印错误，在原文之后用括号加以纠正；尽量保留当时文字的用法，但有几处为避免发生歧义，加括号改写成现在的用词。

凡找得到最初发表出处的作品（包括《珠贝集》中辛笛诗作），都标出了报刊名称及报纸的年月日（以报纸的纪年方式为准），或刊物的年份和期数。1928年，父亲做剪报时大多敲下了写作日期章（见诗文末）和发表日期章，但有两首诗歌在《大公报》上没有查到，因此所刊报纸不详,在诗歌文本末尾加以注明。

> 王圣思于上海
> 2017 年 2 月写于上海西南一隅

　　这本书稿递交出版社后, 在已经完成三稿审读和校对的情况下,学历史的刘善龄兄又在天津《大公报》和《南开高中》杂志上,发现我四叔辛谷的早年诗文二十余篇 (署名均用他本名王馨毅),那是他读小学和南开高中时写下的文字。王永和于蓉再次帮忙将这些文字录入电脑。这样,我又将这批新发现的诗文用电邮发给王振良先生,他和责编张博先生不厌其烦再三再四地审读、校对书稿,花费了大量的心血和时间,终于将这些读者不易见到的文字收入书中。他们俩的敬业精神令我们做子女的非常感动,并再次表示衷心的感谢。

> 王圣思
> 2019 年 2 月 27 日补记

《问津文库》已出书目

（总计 88+3 种）

◎ 天津记忆

沽帆远影　刘景周著　　　　　　　　　　　　　59.00 元

荏苒芳华：洋楼背后的故事　王振良著　　　　　49.00 元

津门书肆记　雷梦辰原著/曹式哲整理　　　　　49.00 元

故纸温暖：老天津的广告　由国庆著　　　　　　28.00 元

沽上文谭　章用秀著　　　　　　　　　　　　　38.00 元

百年留踪：解放桥的前世今生　方博著　　　　　39.00 元

南市沧桑　林学奇著　　　　　　　　　　　　　79.00 元

津沽漫记：日本人笔下的天津　万鲁建编译　　　39.00 元

忆癹盦：来新夏先生纪念文集　焦静宜编　　　　92.00 元

与山河同在：天津抗日杀奸团回忆录　阎伯群编　38.00 元

楮墨留芳：天津文化名人档案　周利成著　　　　30.00 元

布衣大师：允文允武的艺术名家阎道生　阎伯群著　30.00 元

口述津沽：民间语境下的堤头与铃铛阁　张建著　28.00 元

大地史书：地质史上的天津　侯福志著　　　　　29.00 元

郑证因小说经眼录　胡立生著　　　　　　　　78.00 元

品报学丛.第三辑　张元卿、顾臻编　　　　　48.00 元

刘云若传论　管淑珍著　　　　　　　　　　48.00 元

品报学丛.第四辑　张元卿、顾臻编　　　　　58.00 元

走近姚灵犀　张元卿、王振良编　　　　　　58.00 元

◎三津谭往

三津谭往.2013　王振良主编　　　　　　　39.00 元

三津谭往.2014　万鲁建编　　　　　　　　39.00 元

三津谭往.2015　孙爱霞编　　　　　　　　48.00 元

三津谭往.2016　孙爱霞编　　　　　　　　58.00 元

三津谭往.2017　孙爱霞编　　　　　　　　68.00 元

◎九河寻真

九河寻真.2013　王振良主编　　　　　　　59.00 元

九河寻真.2014　万鲁建编　　　　　　　　59.00 元

九河寻真.2015　万鲁建编　　　　　　　　88.00 元

九河寻真.2016　万鲁建编　　　　　　　　98.00 元

九河寻真.2017　万鲁建编　　　　　　　　98.00 元

◎津沽文化研究集刊

《雷雨》八十年　耿发起等编　　　　　　　55.00 元

陈诵洛年谱　张元卿著　　　　　　　　　　48.00 元

碧血英魂:天津市忠烈祠抗日烈士研究　王勇则著　　98.00 元

都市镜像:近代日本文学的天津书写　李炜著　　　38.00 元

天津楹联述略　李志刚著　　　　　　　　　　　36.00 元

口述津沽：民间语境下的西沽　张建著　　　　　56.00 元

口述津沽：民间语境下的西于庄　张建著　　　　108.00 元

紫芥掇实：水西庄查氏家族文化研究　叶修成著　58.00 元

芦砂雅韵：长芦盐业与天津文化　高鹏著　　　　58.00 元

王南村年谱　宋健著　　　　　　　　　　　　78.00 元

国术之魂：天津中华武士会健者传　阎伯群、李瑞林编　78.00 元

来新夏著述经眼录　孙伟良编　　　　　　　　198.00 元

举火烧天：天津抗日杀奸团纪事　杨仲达、陶丽著　68.00 元

◎津沽名家诗文丛刊

王南村集　王煐原著/宋健整理　　　　　　　　68.00 元

严范孙先生古近体诗存稿　严修原著/杨传庆整理　48.00 元

星桥诗存　苏之銮原著/曲振明整理　　　　　　58.00 元

退思斋诗文存　陈宝泉原著/郑伟整理　　　　　88.00 元

待起楼诗稿　刘云若原著/**张元卿辑注**　　　　42.00 元

刘大同诗集　刘建封原著/**刘自力、曲振明整理**　**88.00 元**

碧琅玕馆诗钞　**杨光仪原著/赵键整理**　　　　58.00 元

石雪斋诗稿（附遂园印稿）　徐宗浩原著/张金声整理　68.00 元

紫箫声馆诗存　丙寅天津竹枝词　冯文洵原著/杨鹏整理　88.00 元

思暗诗集　华世奎原著 / 阎伯群整理　　　　　38.00 元

止庵诗存　周学熙原著 / **宋文彬整理**　　　　**128.00 元**

◎津沽笔记史料丛刊

严修日记（1876—1894）　严修原著 / 陈鑫整理　138.00元